Minha História de Transformação pela Educação

Cleuza Silva Pulice

Porto de Idéias
EDITORA

São Paulo, 2013

Minha História de Transformação pela Educação
Cleuza Silva Pulice

Coordenação Editorial
Silvana Pereira de Oliveira

Projeto Gráfico
Otávio Oliveira Silva

Imagem da capa: Cleuza Silva Pulice, aos 6 anos, na cidade de Flórida Paulista.

Dados Internacionais de Catalogação na Publicação (CIP)
(Câmara Brasileira do Livro, SP, Brasil)

Pulice, Cleuza Silva
Minha história de transformação pela educação / Cleuza Silva Pulice. -- São Paulo : Porto de Idéias, 2013.

ISBN 978-85-8061-044-4

1. Educadoras - Memórias autobiográficas 2. Histórias de vida 3. Pulice, Cleuza Silva I. Título.

13-05416 CDD-370.92

Índices para catálogo sistemático:
1. Educadoras : Memórias autobiográficas 370.92

Rua Perdões, 101 – Aclimação
São Paulo – SP – 01529.030
Fone (11) 3884-3814
www.portodeideias.com.br
twitter.com/portodeideias

A educação é o ponto em que decidimos se amamos o mundo o bastante para assumir a responsabilidade por ele e,com tal gesto, salvá-lo da ruína que seria inevitável, não fosse a renovação e a vinda dos pequenos e dos jovens.
A educação é, também, onde decidimos se amamos nossas crianças o bastante para não expulsá-las de nosso mundo e abandoná-las a seus próprios recursos, tampouco arrancar de suas mãos a oportunidade de empreender algo novo e imprevisto para nós, preparando-as, em vez disso, com antecedência, para a tarefa de renovar um mundo comum.

Hannah Arendt

Sumário

Eu, as palavras, os sentimentos e o outro. Por isso resolvi escrever, para expressar a vida, para comunicar o vivido, com todas as minhas marcas na memória e as dificuldades enfrentadas. Também escrevo para projetar possibilidades, fecundar o presente e projetar o futuro.

A história é marca em nossas vidas, de nossa participação no mundo, e ainda das comunicações realizadas com as pessoas em nossa volta.

Minha vida estará relatada em palavras e desejo que o leitor entenda por que me tornei educadora. Tratarei das minhas memórias, da infância sofrida, da escolaridade permitida, das mágoas guardadas, da ansiedade em aprender para viver...

Este livro propõe uma série de experiências concretas, de situações vividas. Por meio delas se poderá entender melhor como a educação é importante pelas oportunidades que pode gerar.

Foi preciso eu parar para pensar nos anos vividos e nas experiências adquiridas e escrever o que sinto, o que sofri e o que vivi, para sonhar com as possibilidades que poderei dar ao outro por meio dessas leituras.

Precisei atravessar uma série de momentos para chegar à conclusão de escrever meus relatos vividos.

Primeiro me libertar da dificuldade da linguagem e do pensamento, exercício que me trouxe bloqueios para recuperar o fluxo do pensamento, das palavras e ideias em uma comunicação mais livre e solta.

Também foi difícil me libertar da dificuldade para descrever as experiências com sensibilidade, de maneira a não deixar que a emoção tirasse a verdade das minhas emoções vividas.

Foi difícil, ainda, organizar lucidamente o raciocínio sem perder a capacidade de estabelecer relações e tirar as conclusões necessárias para minha escrita.

Quis inicialmente organizar melhor meus pensamentos para poder comunicar minhas ideias com a expressão da verdade, iluminando minha compreensão da vida, da minha posição diante dos outros e de mim mesma.

Tomei meus problemas, interroguei o real, rompi com minhas angústias e recrio o meu presente em palavras que o leitor poderá entendê-las não apenas como uma autobiografia, mas como uma vontade de ser, vontade de reaprender, vontade de viver.

Neste livro espero esculpir a minha vivência, a minha experiência humana na trajetória de luzes e sombras que se descortinam em minha memória.

Quero ter a dimensão do meu eu para expressar em forma de leitura o que mora dentro de mim, o conjunto de fragmentos que me tornam viva e que me tornaram educadora.

Capítulo 1

Primeiros Passos

Minha escolaridade (escola primária)

Tempos vividos em Flórida Paulista, cidade do interior de São Paulo.

Magra, feia, tímida.... Esse é o retrato que tenho na memória de mim mesma. Criança sofrida, mal-vestida, inibida, introvertida. Sabia que pela leitura podia me tornar alguém diferente. Lia muito. Tudo o que caísse na minha mão, mesmo sem saber ler direito eu tentava. Mesmo sem ter noção exata da importância da leitura, sozinha eu conseguia vislumbrar possibilidades, lendo, lendo, lendo, lendo... Apenas lendo, não entendia o que lia. Lia até os artigos, em inglês, publicados em *Seleções de Riders Digest*, que eram deixadas no lixo pelo senhor Otaviano, senhor de idade que morava na casa sede da fazenda, onde meu pai era administrador. Que lixo farto... revistas, documentos que eu lia e relia, sem entender nada.

Filha de mãe analfabeta, pai pouco escolarizado, administrador de fazenda e dona de casa, ambos sem dar o devido valor à escolarização dos filhos. Sou a mais nova de seis irmãos. Minha mãe, espanhola, vinda da Espanha com oito anos de idade, casou-se muito cedo, aos dezesseis anos, com meu pai, então com dezoito anos. Apesar das dificuldades, era uma família feliz. Éramos seis irmãos: Delfino, Aparecido, Odila, Matilde, Maria Helena e eu. Nesta foto de 1959, apenas as irmãs e eu.

Morávamos em uma fazenda linda, cheia de cantos e recantos com os quais eu era íntima, pois ficava o tempo todo lendo em voz alta, meio escondida das pessoas, pois tinha noção exata de que não estava entendendo o que lia. Interessante essa manobra de fugir das pessoas quando não se entende o que lê. Mas isso ficou marcado em minha memória. Eu tinha medo de que as pessoas perguntassem o que eu estava lendo.

Fazenda de café, onde a riqueza de seus proprietários se fazia presente. Minha mãe levantava muito cedo para acordar o filho do proprietário que morava com o senhor Otaviano, seu avô, pois precisava se levantar às cinco horas da manhã para servir ao exército numa cidade próxima. Esse fato ficou na minha memória, pois eu não aceitava que o rapaz não pudesse acordar com um despertador e que minha mãe precisasse levantar tão cedo para acordá-lo.

Minha irmã Odila, a mais velha, fazia os afazeres domésticos na casa sede da fazenda.

Com essa irmã, eu tinha muito apego. Lembro-me muito bem que eu dormia com ela todas as noites, apesar de ter a minha cama. Queria estar sempre perto dela. Odila sempre me protegia nas brigas que eu tinha com minha irmã Helena.

A foto é de 1956. Eu e Odila, minha irmã mais velha.

Recordo-me do mingau de aveia que preparava todas as manhãs para o senhor Otaviano. Desse senhor eu tenho boas recordações, porque me lembro que minha irmã era muito bem tratada por ele e isso me deixava feliz. Todas as manhãs quando eu lá estava, em companhia dela, ele fazia questão de conversar comigo.

Minha escolaridade começa nessa fazenda. Frequentava a escola do Bairro dos Alécios, que ficava aproximadamente a três quilômetros da fazenda onde eu morava. A distância não era tão grande, mas apenas algumas crianças iam para a escola, dentre elas eu e minha irmã Helena. Desse tempo tenho lembranças boas, porque lembro da escola, mas existe um detalhe especial... Não me lembro de minha professora. Já estava na segunda série. Não tenho relatos da primeira série, porque foram apagados de minha memória. Faço muito esforço para me lembrar, mas nada vem para que eu possa fazer os relatos.

Essa escola era multisseriada e lá frequentei a segunda e a terceira séries do primário.

Não posso me esquecer da caminhada que tínhamos de fazer para nos encontrarmos com mais algumas crianças, que moravam em outra fazenda próxima, e nos reunirmos até chegar à escola.

Era um verdadeiro desafio. Acordávamos muito cedo, junto com minha mãe, e tínhamos que atravessar por uma estradinha de mata fechada. Eu tinha muito medo, principalmente de cobra, porque era muito comum elas atravessarem a estrada. Não posso me esquecer que tínhamos de atravessar um pequeno córrego na estrada que nos levava ao encontro das outras crianças. Para não ficar com os pés molhados, parava e tirava o sapato. Esse ritual era diário e me incomodava um pouco, principalmente porque sentia frio ao atravessar pela água. São poucas fotografias dessa época, mas a recordação maior é da minha mãe e de minha irmã que tinham cuidados especiais comigo. A foto é de 1956, minha mãe, minha irmã Odila e eu.

Quando nos juntávamos com as outras crianças ficava bem mais agradável. Minha irmã era mais extrovertida e brincava o caminho todo. Eu era calada e não achava graça das brincadeiras que terminavam em brigas, das quais muitas vezes tive que defender minha irmã.

Dessa escola me lembro do banheiro, que era uma casinha de madeira, com uma fossa muito suja e com um cheiro horrível. Eu passava as manhãs sem ir ao banheiro, porque aquilo me incomodava muito. Não tinha tranca na porta e eu sempre ficava nervosa porque acreditava que algum menino poderia entrar.

Essa escola não tinha a quarta série, os alunos que desejassem prosseguir nos estudos deveriam frequentar a escola na cidade.

Minha irmã não quis terminar o primário. Desistiu. Agora a caminhada era mais longa: seis quilômetros até Flórida Paulista. Mas eu não desisti. Continuei, apesar de todas as dificuldades. Apenas eu e mais dois garotos que eram moradores de fazendas vizinhas íamos caminhando até a cidade. Saíamos às cinco horas da manhã para chegarmos às sete na escola.

A escola era muito grande, bonita, prédio novo, e eu ficava encantada com tudo aquilo. Só não gostava de tratar os dentes no consultório da escola. Mas me sentia orgulhosa de frequentar aquele espaço. No recreio dividia o lanche com algumas crianças que gostavam do pão que minha mãe fazia. Eu era excelente aluna. Dona Carmem Cervellati era minha professora. Lembro-me dela como uma professora que tinha muito carinho por nós. Eu me sentava na primeira carteira, ao lado da janela, e dona Carmem sempre estava conversando comigo e verificando meu caderno. Era tudo impecável, eu não deixava de fazer a lição de casa nenhum dia. Ficava feliz quando era elogiada.

Minha vida melhorou muito a partir do segundo semestre. Fui convidada por dona Carmem para ficar em sua casa, almoçar com ela e sua família todos os dias e fazer o cursinho para a admissão ao ginásio. Lembro-me que fiquei com uma felicidade que é impossível relatar em palavras... Tinha um pouco de vergonha ao sentar-me à mesa com sua família, mas procurei superar e gostava muito de observar a diferença que existia entre aquela família e a minha. O almoço era servido por uma empregada e a mesa era posta com muito requinte. Após o almoço, dona Carmem cuidava para que eu e seu filho Luiz fizéssemos a lição de casa e nos envolvêssemos nos estudos, principalmente fazendo exercícios matemáticos que ela mesma nos orientava. Foi um tempo em que fui muito feliz, eu tentava imitar dona Carmem em tudo, na letra, na postura impecável que nos modos de falar e agir... Foi um imenso aprendizado.

Minha vida melhorou um pouco mais quando o senhor Otaviano precisou vir todos os dias para a cidade para fazer um tratamento com aplicação injetável. Ele vinha com a charrete da fazenda e resolveu me dar uma "carona". Era muito mais confortável; mas para voltar, às seis horas da tarde, éramos apenas eu e mais um amigo da fazenda vizinha. Muita poeira, muita canseira, e mesmo assim eu conseguia ser feliz por ter passado o dia com minha professora e ter frequentado o cursinho.

Muitas vezes éramos obrigados a subir em barrancos altos porque ao nosso encontro vinha uma boiada, e para que ela passasse, era preciso ficar distante, apenas observando. Nada disso me incomodava. Lembro-me que chegava, jantava e ainda sobrava tempo para ler. Agora já lia com algum entendimento.

Minha mãe, sempre muito agradecida por tudo que dona Carmem me proporcionava, levava leite, frango, verduras e legumes que cultivava como pagamento por sua benemerência. Eu sempre ficava envergonhada com essa atitude de minha mãe, hoje me questiono por isso. Uma maneira digna de agradecer por aquilo que recebia.

Chegou o final do ano e fui aprovada no concurso de admissão ao ginásio.

Minha escolaridade (ensino ginasial)

COLÉGIO ESTADUAL E ESCOLA NORMAL DE FLÓRIDA PAULISTA

ANO LETIVO
1963

Curso Ginasial

Série 1ª B

Período tarde

Horário: das 12 às 17

Cleuza Silva
Nome do Aluno

Iniciei meus estudos, fazendo o ginásio em uma escola recém-construída, grande e bem-cuidada. Tudo para mim era muito bonito, a biblioteca, as salas de aula, a quadra de esporte, a cantina. Tinha muita vontade de comprar alguma coisa na cantina, mas eu não levava dinheiro para a escola. Não porque não quisesse, mas porque achava que não deveria pedir para minha mãe, pois sabia que não existia dinheiro para coisas que não fossem essenciais.

As lembranças que tenho dessa fase de minha escolaridade são os desfiles cívicos e dois professores: Atilano, de Ciências, e sua esposa, Iracema, de Educação Física.

Uma frustração que tive foi nunca ter sido convidada para frequentar a casa deles, às tardes. Eles convidavam alguns alunos para irem à sua casa para cantarem e tocarem violão. O professor Atilano tocava violão muito bem, às vezes tocava na escola e eu podia assistir.

Lembro-me vagamente da professora de Inglês, dona Ermengarda. Era muito elegante e os meninos gostavam muito quando era aula dela. Mas com esse nome estranho e se vestindo de uma forma muito extravagante, eu a via como um ser de outro planeta!

Continuei muito estudiosa, mas uma coisa que hoje me intriga muito é que eu não tinha amiga durante minha escolaridade ginasial. Não consigo me lembrar de nenhuma amiga ou amigo. A única coisa que me lembro bem é de um garoto chamado Rubens Bartolo, que estudava em minha sala, e eu o achava muito bonito. Acredito que durante dois ou três anos eu ia para a escola pensando em vê-lo. Era uma paixão só minha, que até hoje não tinha contado a ninguém.

Nesse ano, continuei indo para a cidade e ficava apenas três dias por lá, no período da tarde, para fazer aulas de Educação Física. Quem me prestou um grande favor, nesse ano, foi o senhor Akira, dono da farmácia onde os empregados da fazenda faziam suas compras. Japoneses, ele e a esposa me davam almoço nesses dias de Educação Física.

Muitas recordações desses almoços. Principalmente porque eram quebrados ovos crus em meu prato e de seus dois filhos, bem pequeninos. Eu não gostava daquilo e demorei muito a dizer, porque tinha vergonha e achava que deveria comer tudo que me oferecessem.

Eu já estava com onze anos e continuava a ser uma boa aluna. Ainda almoçava na casa dessa senhora, que gentilmente quebrava ovos crus em meu prato. Num desses almoço, aconteceu minha primeira menstruação. Eu fiquei muito assustada, porque não sabia o que estava acontecendo, mas também tinha vergonha de comentar com ela.

Fui para a escola com muito medo, eu pensava que tinha me machucado no dia anterior ao atravessar alguma cerca de arame farpado. Puxei pela memória, mas não conseguia me lembrar onde eu poderia ter me machucado. Acreditei ter sido na busca pelos ovos que as galinhas deixavam em seus ninhos e toda tarde minha mãe fazia com que eu fosse buscá-los e para isso eu tinha de atravessar uma cerca que ficava no fundo da casa.

Ainda bem que muitas vezes a primeira menstruação é com pouco sangramento, pois eu assisti às aulas e só fui comentar e mostrar para minha mãe que eu tinha me machucado no final do dia, ao chegar em casa.

Tamanha desinformação. Hoje percebo que me calei diante da argumentação que ouvi de minha mãe: "Fique tranquila, é assim mesmo. Toda mulher tem esse sangramento."

Minha menstruação veio por uns três meses e depois não veio mais. Parei de sangrar... Que alívio eu tive, mas não queria contar para ninguém que isso tinha acontecido. Fiquei aproximadamente um ano sem menstruar e sem contar para ninguém. Num dado momento, voltei a menstruar e dessa vez foi bem mais tranquilo.

Estudava muito e imitava minhas professoras ao estudar. Gostava de ficar caminhando e falando aquilo que tinha aprendido no dia. Meu pai e minha mãe pediam que eu contasse tudo aquilo para as visitas. Eu ficava muito envaidecida.

Meu pai era um contador de histórias. Lembro-me que todas as noites os colonos da fazenda vinham para minha casa e ficavam horas conversando na varanda com ele. Do meu quarto eu ouvia as histórias e sentia muito medo, porque a maioria delas eram histórias de terror.

Uma das minhas grandes crises da infância era ter muito medo que minha mãe morresse enquanto eu estivesse na escola. Tinha pavor só de pensar, e essa ideia não saía da minha cabeça. Muitas vezes chorava na sala de aula, mas não contava para ninguém o motivo do choro.

Acredito que essa ideia era passada por minha mãe, que tinha fortes dores de cabeça (enxaqueca) e dizia que ia morrer de tanta dor. Foi muito difícil me livrar dessa ideia.

Ao final da primeira série do ginásio, minha irmã mais velha, a Odila, casou-se e foi morar na cidade. Minha vida melhorou bastante a partir daí. Fui morar com ela e ficou tudo muito mais simples. Terminei a primeira série do ginásio, fiz a segunda, a terceira e a quarta morando com ela. Ajudava nos afazeres da casa e cuidava de meu sobrinho Edson. Não posso me esquecer quando deixei de vigiar o moleque, que era muito levado, e ele bebeu um vidro de mercuriocromo!

Teve de ser levado ao hospital e fazer lavagem no menino. Minha irmã ficou nervosa, mas em nenhum momento colocou a culpa em mim. Nessa época, minhas melhores amigas eram a Rosana e a Wanda, que aparecem na foto.

Fiquei muito apreensiva quando meu cunhado prestou um concurso para trabalhar na Cesp, pois iria embora para outra cidade, caso fosse promovido. Minha ansiedade na época era grande porque eu poderia perder a chance de continuar estudando ou ter de voltar a fazer o sacrifício pelo qual já havia passado. Ele passou e se mudou para Dracena, cidade próxima; mas minha irmã Matilde estava se casando com meu cunhado Edson e vindo morar na cidade. Que alívio.... Eu já tinha lugar para morar!

Da época em que cursei o ginásio tenho poucas lembranças de meus professores. Aquele que tinha dado aulas no cursinho, era meu professor de Matemática. Era uma aluna calma, tirava boas notas, portanto não chamava muito a atenção dos professores. Eu me sentia um pouco fora do contexto, porque era alijada do grupo por ser uma menina que não tinha um vida social como as demais colegas. Era invisível tanto para os professores como para os colegas. Foi uma experiência muito interessante, mas não tenho boas lembranças. O que ficou mais forte em mim foram momentos de isolamento e de tristeza por não ter amigas. Era como se eu fosse alguma coisa estranha dentro de um universo que não era meu. Não podemos nos esquecer que, nessa época, poucas crianças pobres frequentavam o ginásio.

Minha grande frustração foi de nunca ter conseguido desfilar em lugar de destaque. Sonhava em ser porta-bandeira, mas nunca fui escolhida. Acredito que por ser uma criança invisível e também por não ter estatura para isso. Um dia, depois de anos de espera, perdi a vergonha e fui pedir para dona Iracema, minha professora de Educação Física, que me deixasse pelo menos separar pelotão. O que recebi foi simplesmente um não. Fiquei muito magoada, mas relevei e suportei mais uma vez.

Mas chegou meu dia de glória. Fui substituir uma aluna que ficou doente e não podia participar de um carro alegórico. Sou a do centro, vestida de gaúcha.

Acredito que não consigo demonstrar aqui a minha alegria e emoção ao subir num trator, que era o carro alegórico, e desfilar pela cidade. Gesto que acredito que ficou marcado em minha memória. Vesti-me de gaúcha e sorri o tempo todo como se eu fosse igual às demais pessoas que estavam naquele carro. Quanta emoção!

Emoção que me foi dada e repartida pelo acaso, pois se não fosse a outra aluna não poder desfilar, não teria sentido essa alegria. Por ser pobre, era também invisível aos olhos de muitos professores e de muitas outras crianças.

Minha vida escolar nessa fase foi grandemente marcada pela tristeza. Sabia que queria estudar, mas ao mesmo tempo tinha certeza que não tinha poder aquisitivo para isso. Fazia meus trabalhos escolares com grande dificuldade, pois não tinha sequer cola. Colava as figuras com uma cola que eu mesma fabricava, com farinha de trigo, e muitas vezes era chamada à atenção pelos professores porque o caderno ficava muito feio, grosseiro. Mas eu não pedia dinheiro para nada, porque isso para mim seria magoar minha mãe, caso ela não pudesse me atender.

É preciso ressaltar que a escola, nesse período, exigia do aluno cadernos, uniforme e livros que eram comprados no início do ano, e meus pais já tinham esses gastos que para mim eram muito grandes.

Outra coisa que me vem à memória são os recreios. Lembro-me de uma mesa de pingue-pongue colocada no pátio. Eu tinha muita vontade de jogar, chegava por perto, mas nunca tive coragem de me atrever a pedir para algum colega me deixar jogar.

Os recreios eram momentos de observar os outros e me sentar nos bancos que ficavam um pouco distantes do pátio principal. Eu me excluía das outras crianças, sem mesmo saber o porquê. Acredito que era por me sentir diferente. Essas coisas trouxeram marcas que hoje são muito fortes em minha vida. Pensar que perdi minha infância, minha adolescência porque a escola não me enxergava e não me dava oportunidade para ser mais feliz.

A escola não observava seus alunos, não percebia as diferenças que nela existiam. Muitas crianças abandonavam a escola por se sentirem mal num espaço que era reservado para poucos, isto é, uma elite da qual a maioria não fazia parte.

Felizmente eu resisti, não abandonei a escola, porque tinha certeza que queria ser professora. Imitava meus professores e os via como figuras adoradas. Respeitava e ao mesmo tempo idolatrava-os. Mas eles nunca souberam disso, porque jamais ousei dizer.

Essas são minhas lembranças do curso ginasial. Foram quatro anos quase sem memórias. Às vezes me pergunto... Por quê?

Minha escolaridade (Curso Normal)

Neste ano minha vida mudou bastante. Meu pai tinha sido dispensado da fazenda e veio arriscar a vida na cidade, onde abriu um armazém de secos e molhados. Era minha oportunidade de estudar e morar com eles. Fazia a escola Normal pela manhã e os estágios à tarde. Nessa ocasião, eu tinha amizade com a Rosana e com outra amiga, ambas filhas de amigas de minha mãe, que frequentavam a mesma igreja.

Dona Odete, mulher bonita, que na época tinha uma perua Kombi e nos levava para passear em vários lugares. Eu a admirava porque queria, quando adulta, ser como ela, dirigir e ter minha independência. Ela era cabeleireira e várias vezes nos arrumava, principalmente quando se tratava de ir à igreja.

Quanto à igreja, posso relatar que entrava e ficava por lá por alguns minutos, pois saía para conversar com a Rosana e seu irmão, Jean. Eram dias muito alegres, mas sempre com muita apreensão, pois nossos pais queriam que fôssemos mais à igreja e nos envolvêssemos nos eventos religiosos.

Um fato que não posso deixar de relatar foi quando meu pai foi me buscar no clube, usando paletó de pijama, às nove horas da noite. Ele acreditava que já era muito tarde para eu ficar na rua. Tive muita vergonha nesse dia, porque eu estava ensaiando para dançar quadrilha e deixei tudo para trás, com vergonha de meu pai, que fazia escândalo na porta do clube.

Essa realidade durou muito pouco, pois meu pai, como nunca tinha sido comerciante, não teve sucesso em seu negócio. Fechou as portas e foi morar em uma fazenda bem distante da cidade.

Nesse ano minha irmã Odila tinha se mudado para a cidade de Dracena, e fui morar com a outra irmã, Matilde, já casada com o Edson, cunhado de quem gostava muito e que me ajudava também nas minhas indagações à respeito do que eu poderia fazer depois que terminasse o curso Normal, que ele também frequentava à noite. Para facilitar minha vida, também fui estudar à noite.

Comecei a trabalhar num bazar como vendedora e também cuidava do caixa. Chegava às oito horas e ficava até o entardecer. O bazar ficava em uma ladeira da cidade, onde passavam poucas pessoas, e o movimento era bem pequeno. Aproveitava minhas horas vagas para estudar. Esse bazar fechou, acredito que pela falta de movimento, e consegui outro emprego. Fui trabalhar em um posto de gasolina como caixa. O trabalho era mais intenso, mas eu me adaptei e ganhava bem melhor do que no emprego anterior. Anexa ao posto havia uma loja de autopeças onde eu também era responsável pelo caixa. Guardava todo o dinheiro que recebia, pois sabia que teria que parar de trabalhar para tentar um cursinho e entrar na faculdade.

Já conseguia conversar com meus professores. Dona Any, moça bonita, bem-vestida, vinha dar aulas de carro. Ela era de outra cidade próxima, Adamantina. Eu a olhava com olhos de admiração, querendo sempre imitá-la.

Depois de muitos anos, consegui confeccionar vestidos iguais ao que ela usava...

Lembro-me ainda do professor de Psicologia, um japonês que o nome não me vem à memória. Um dia nos levou para assistir ao filme *Ao mestre com carinho*, na cidade de Presidente Prudente. Ao voltar, discutimos o filme em sua aula. Quanta emoção!

Outra excursão preparada pelo professor de Psicologia foi para Ilha Solteira, que tinha iniciado naquele ano. Passamos o dia em um caminhão preparado com sacas de palha de arroz e lona para chegar ao nosso destino. Tudo era uma festa. Só alegrias! Foi a primeira vez que vesti calça comprida. Minha mãe era evangélica e nos proibia de usá-la. Nesse dia uma amiga de classe me emprestou uma calça comprida, pois não seria possível subir em um caminhão de saia!

Tive duas grandes amigas nessa época: a Rosana dos Santos e a Cleuza Garcia, bibliotecária da escola na qual eu estudava. Íamos juntas para a escola, e pelo caminho

Cleuza me incentivava muito a ler, contando sobre o que já lera.

Eu lia muito nessa época. Lia à noite, depois que chegava da escola, ouvindo a estação de rádio Jovem Pan. O programa era de uma locutora que dizia a todo o momento: "É noite, tudo se sabe...". Ouvia bem baixinho, pois naquela ocasião minha irmã Matilde já tinha seu primeiro filho, o Péricles.

Era bem difícil ir ao trabalho, porque a distância era bem grande, mas eu usava as duas horas de almoço para ir e voltar caminhando pela cidade.

Cleuza e eu passávamos horas, aos sábados, sentadas em um banco que ficava perto de sua casa, na rua principal, confabulando. Eu dizia que queria estudar, sair da cidade, prestar algum vestibular. Essa ideia era muito forte e eu sonhava com o futuro. Via que poderia ter chances se estudasse bastante. Era o que eu fazia. Tinha muita vontade de sair daquela cidade e ter mais chances de estudar.

Nessa ocasião, Cleuza me incluiu em seu grupo de amigos. Saíamos aos sábados para ir aos bailes nas cidades vizinhas, frequentávamos o cinema da cidade e as festinhas nas casas dos amigos. Foi uma época em que eu descobri o mundo, que percebi que a vida era boa de ser vivida e que eu tinha chances de me tornar feliz!

Chegou o dia da formatura do Curso Normal. Foi uma festa para mim. Não queria acreditar que iria participar dos eventos da formatura! Foi um momento excepcional, apesar da simplicidade do evento.

Inicialmente havia uma festa na escola apenas para as formandas e depois a colação de grau. No outro dia, um coquetel com as famílias. Tudo muito simples, mas não me esqueço desse dia e da minha alegria por ter me formado professora! Comigo estavam minhas amigas Hebe Camargo, Nancy e Lucy.

Foi assim o dia da minha formatura. Um dia de muita emoção. Essa foi a festa de formatura! Comes e bebes...

CEBN

AOS NOSSOS

Nessa ocasião, tinha apenas uma obstinação: sair da cidade e prestar vestibular. Nas cidades vizinhas havia apenas uma oportunidade. Iria abrir em Adamantina, cidade vizinha, um curso de Letras. Estavam fazendo um cursinho para o vestibular. Ao saber dessa notícia, rapidamente organizei um grupo de pessoas que gostariam de prestar o vestibular, alugamos uma Kombi e fomos fazer o cursinho todas as manhãs. Não fiz novas amizades, mas em nossa turma de cursinho havia uma garota chamada Araci de Almeida que era extremamente simpática e que conversava com todos da sala.

Numa noites de sábado, fomos a um baile na cidade de Adamantina. Para minha surpresa encontrei por lá a Araci de Almeida, que nos convidou para sentar em sua mesa.

Nessa noite ela nos contou que viajaria para Campinas, na segunda-feira, para prestar vestibular na PUC para Educação Física. Comecei a fazer todas as perguntas que podia sobre o vestibular. Araci contou tudo e me convidou para acompanhá-la. Ela iria com a Elisabeth Gomes, uma amiga, e seu pai nos levaria para Campinas.

Disse ainda que ficaria hospedada num pensionato e que fariam cursinho durante o mês de janeiro para prestar vestibular em fevereiro. Peguei seu telefone e fiquei de dar uma resposta no domingo, dia seguinte ao de nossa conversa.

Eu tinha minhas economias, porque durante o período em que trabalhei, não usava o dinheiro; guardava, esperando por uma oportunidade.

Logo de manhã, ao acordar, falei com minha mãe, pedindo autorização para ir com Araci. Minha mãe disse que se era para eu ficar feliz que podia ir, mas seria necessário falar com meu pai. Meu pai, muito austero, logo que falei, disse não. Chorei muito, mas ainda com alguma esperança de fazer alguma coisa que o fizesse mudar de ideia. Falei com ele várias vezes, mas não teve acordo. Continuava irredutível.

Fui para o quarto, arrumei uma sacola com todas as minhas roupas e disse para minha mãe que eu iria de qualquer jeito, com ou sem a autorização de meu pai. Foi o que fiz. No domingo à tarde, telefonei para Araci e disse que estava indo e que iria dormir em sua casa.

Essa viagem foi de muita emoção. Não podia chorar e nem dizer ao pai da Araci que estava indo sem a permissão de meu pai.

Sofria, mas ao mesmo tempo acreditava que estava ganhando minha autonomia e minha fase de adulta responsável. Sentia uma alegria imensa e também uma tristeza por ter deixado minha mãe e saído sem a autorização de meu pai. Acreditava que minha mãe sofreria as consequências. Essa viagem durou aproximadamente oito horas. Para mim foi como se tivesse durado apenas duas, de tanto que queria pensar nas mudanças e surpresas que estavam por vir. Ansiedade, angústia, medo, alegria e tristeza eram as emoções que vinham todas juntas a todo momento.

Minha chegada em Campinas para fazer o cursinho

Chegamos a Campinas. Fomos para a casa de uma tia da Araci, que nos esperava para o almoço. Sentamo-nos à mesa e eu, completamente atordoada, vivi essa alegria de saber que já estava no lugar onde minha vida seria transformada. Eu seria uma professora!

Após o almoço, fomos para o pensionato que ficava bem perto da faculdade. Pensionato da dona Ilka, na Rua Dr. Quirino.

Os quartos eram grandes, com vários beliches para até oito pessoas dormirem. O guarda-roupa era dividido para duas pessoas.

Eu tinha dinheiro para apenas um mês de pagamento, e assim que chegamos pagamos adiantado para poder entrar. Precisava arrumar emprego com urgência.

O pai da Araci ficou responsável por nós três, pois me lembro que forneceu todos os dados, inclusive o telefone da tia de Araci que morava em Campinas.

O cursinho era à noite, então eu teria tempo suficiente para arrumar emprego. Saía toda manhã e me perdia pela cidade, porque Campinas era muito grande comparada à Flórida Paulista, onde eu vivia.

Não demorou muito e consegui emprego em um cursinho para vestibulares, que logo em seguida veio chamar-se Objetivo.

Meu trabalho era montar as apostilas para as aulas. Fazia isso o dia todo, e quando precisavam de mim para atender os alunos na recepção, estava sempre à disposição.

Fiquei muito contente porque com esse dinheiro daria para eu pagar o cursinho e o pensionato. Já estava resolvido meu maior problema.

Trabalhava muito, mas não havia nenhum cansaço e isso me deixava bastante animada para assistir às aulas da noite.

Fomos para o vestibular. Araci, Beth, eu e demais colegas do cursinho. Todas entraram na primeira chamada. Eu não. Com certeza me faltava destreza, pois não sabia nadar, jogar vôlei, basquete e muito menos atletismo. Fiquei arrasada, chorei muito, pois minha maior angústia era voltar para Flórida Paulista depois de ter sido derrotada no vestibular.

Eu tinha sido reprovada em natação. Mas também não tinha onde treinar, porque trabalhava o dia todo. Minhas amigas me incentivavam e diziam que eu teria condições de passar na segunda chamada. Mas para isso eu sabia que precisava nadar.

Eu ia aos Correios quase todos os dias enviar cartas para minha mãe, na hora de meu almoço. Ela ficou sabendo que eu não tinha passado e telefonou para o pensionato, num domingo pela manhã. Chorei muito, muito, muito... Não conseguia conversar com minha mãe. Depois desse telefonema tive um tersol no olho, que ficou muito inchado e infeccionado, mas mesmo assim ia para o trabalho. Sofri muito porque tinha medo de não passar na prova de natação, pois sabia que não apresentava boa condição.

Qual não foi minha surpresa quando minha mãe veio ao pensionato me visitar. Fiquei muito contente e isso foi muito bom, porque ela me disse que meu pai já estava mais calmo e entendia o motivo pelo qual eu queria sair de casa. Confortou-me bastante aquela visita de algumas horas. Fiquei mais confiante porque minha mãe me disse que se eu não passasse no vestibular seria porque era para fazer a faculdade em Adamantina. Seria professora da mesma forma.

Os dias se passaram e fui prestar o vestibular em segunda chamada. Prova de natação. Lá estavam todas as minhas amigas para me darem força. Quando entrei na piscina, sabia que era necessário atravessá-la no comprimento sem colocar a mão na borda. Mas eu não sabia nadar...

Posso garantir a todos que não sei de onde tirei forças, mas atravessei a piscina até onde estavam minhas amigas, do outro lado, gritando: "Venha Piu, venha Piu...". Piu era meu apelido desde o cursinho.

Imensa felicidade. Chorei muito ao ver que tinha conseguido aquilo que era impossível de acreditar. Tinha passado!

Quando fui fazer a matrícula na PUC, para minha surpresa, deveria cursar Educação Física no período da manhã, pois como entrei de segunda chamada, a vaga era apenas para esse período. Como fazer agora? Trabalhava o dia todo e precisava mais do que nunca desse dinheiro para pagar a faculdade e o pensionato.

Conversei no cursinho, pedindo para trocarem meu horário, mas era impossível. Uma amiga que trabalhava comigo sugeriu que eu fosse à Sears Roebuck, loja de departamentos que na época contratava para trabalhar das duas da tarde até as vinte e duas horas.

Fui fazer entrevista e prova e fui contratada, resolvendo assim meu problema. Trabalhava no departamento de atendimento ao freguês. A loja tinha um slogan “Sua satisfação ou seu dinheiro de volta”, e eu era uma das responsáveis por deixar os clientes satisfeitos, mesmo com enormes problemas que me apresentassem eu teria de resolvê-los. Nessa sessão, as pessoas eram muito alegres e eu me sentia à vontade entre elas. Um dia a loja recebeu uma visita de Raul Gil e nossa sessão apresentou uma peça de teatro, na qual eu era a protagonista.

Essas coisas me faziam muito feliz, porque agora eu já era vista pelas pessoas e me considerava igual a todas elas.

Depois de um ano na faculdade, consegui transferência para o período da noite. Assim eu poderia trabalhar o dia todo.

Estudava à noite e trabalhava durante o dia. Meu dinheiro apenas cobria minhas despesas de alimentação, faculdade e pensionato. Foi então que resolvi me mudar para um apartamento com mais três colegas. O apartamento era minúsculo, com apenas um quarto. Tínhamos dois beliches e mais nada. Jantávamos sopa à noite. Acho que hoje não gosto de sopas de tantas que comi nessa época.

A partir do terceiro ano de faculdade, as coisas começaram a melhorar. Fiz amizade com Magda Magali Mancini, que era prima do prefeito da cidade, senhor Orestes Quércia. Ela conseguiu me arrumar bolsa de estudo integral pela prefeitura. Hoje eu sei por que ela fez isso. Observadora, via a vontade que eu tinha de estudar e as dificuldades por que passava e resolveu me ajudar.

Fiquei imensamente grata e cursei o terceiro ano mais tranquila. Fomos morar em um apartamento maior, com mais conforto, e já tinha dinheiro até para comer melhor. Nessa ocasião, mandei de presente para minha mãe sua primeira televisão, sua primeira máquina de lavar e outras coisas mais que eu levava quando ia visitá-la.

A vida se tornara mais agradável.

Numa festa da faculdade, quando ainda estava no segundo ano, conheci um rapaz por quem me apaixonei de verdade. Agora acredito que foi amor verdadeiro, paixão devastadora. Walde Pinto de Lemos, esse era seu nome. Namoramos durante um ano e meio. Para minha surpresa, Walde sumiu da minha vida como se evapora alguma coisa. Não conseguia mais falar com ele ao telefone e nem pessoalmente. Fui várias vezes à sua casa e a resposta que eu tinha era que ele não estava. Ao telefone também diziam que não estava. Sofri muito, a única coisa que me deixava mais feliz era que minha amiga Aglaé, que morava comigo, proprietária de um fusca, me levava todas as noites em frente a sua casa para eu ver seu carro, outro fusca bege de placa 3088.

Fiquei desolada, perdida e sem saber o que tinha acontecido. Um dia, passando em frente a um estúdio de fotografias, vi expostas fotos de um casamento. Ao observar melhor vi que era o Walde. Muita tristeza, muita decepção, mas procurei superar.

Estava muito ansiosa por terminar o curso e poder trabalhar como professora. Mas já no segundo semestre do terceiro ano fui convidada a substituir uma professora que iria para as Olimpíadas de Munique, em 1972.

Foi uma das maiores alegrias de minha vida quando, pela primeira vez, fui dar aulas. Eu era tão feliz que tinha certeza que aquela profissão seria para o resto da minha vida. Na foto apareço com uma aluna, quando lecionei pela primeira vez.

Finalmente concluí o curso. Quanta alegria ao saber que tinha conseguido realizar o sonho de minha vida: ser professora. Nesse dia minha mãe estava lá, orgulhosa de mim. Foi uma cerimônia simples, mas para mim tinha um valor muito grande.

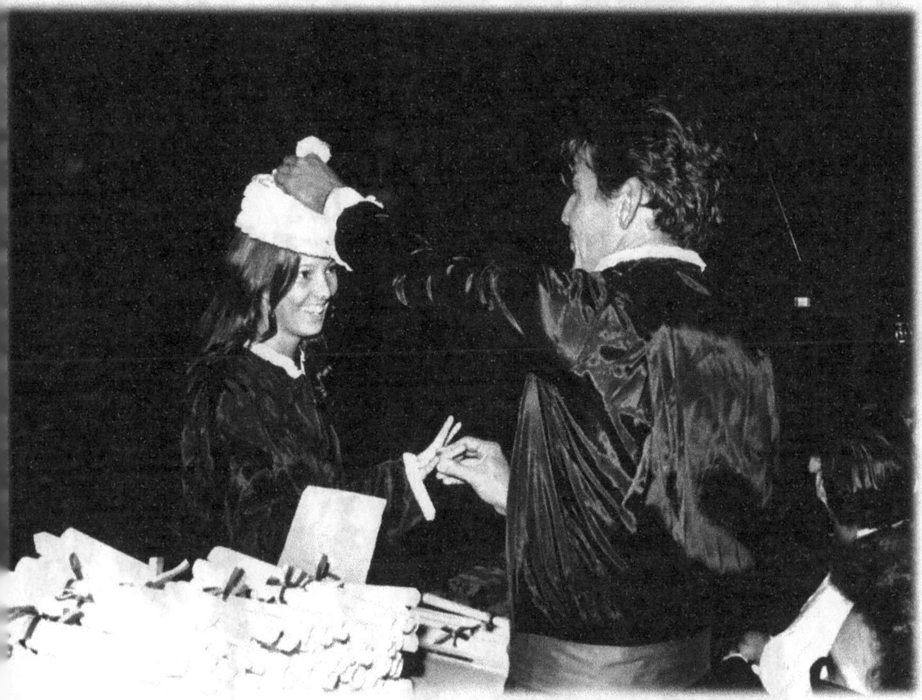

Nas férias desse ano fui para Brasília, em companhia da amiga Vera, que me hospedou em casa de seus parentes. Fomos com a intenção de ficar dando aulas por lá, pois nos diziam que as oportunidades eram maiores do que em são Paulo. Voltamos desanimadas porque nada conseguimos.

Capítulo II

Desafios e Conquistas

A professora que sempre quis ser

No ano de 1973 participei em São Paulo do processo de atribuição de aulas que acontecia na Praça da Sé e consegui pegar toda a carga horária. Por não conhecer a cidade, me atribuíram aulas em Ribeirão Pires e na Mooca. A distância era muito grande, mas resolvi morar em Ribeirão Pires e ir para a Mooca.

Inicialmente morei em uma pensão onde almoçava, jantava e dormia. A dona da pensão, sempre muito simpática, me tratava muito bem, até engordei um pouco nessa época, porque a comida que ela fazia era excelente.

Em Ribeirão Pires, na E. E. Professor Felício Laurito onde dava aulas, conheci várias pessoas das quais me lembro até hoje com muita saudade. Uma delas era Maria de Deus, professora de Ciências; a outra era a Deza, professora de História, e também a Silvia, a diretora. A Deza e a Silvia também não eram da cidade e moravam, respectivamente, em hotel e com o irmão.

Sugeri a elas que alugássemos uma casa e fôssemos morar juntas. Foi um período feliz da minha vida. Dava muitas aulas, ganhava bem e já conseguia, além de ajudar meus pais, pagar meu carro e comprar terrenos na cidade de Ribeirão Pires. Viajava nas férias e tudo era muito agradável.

Eu era bastante querida por meus alunos e fui convidada a paraninfa da turma do terceiro colegial. Foi belíssima a formatura, além de um baile e coquetel, fomos viajar para o Sul com 35 alunos durante 26 dias. Tudo organizado por mim.

As dificuldades eram muitas pela distância a ser percorrida em um mesmo dia, mas eu queria dar todas essas aulas. Tinha uma felicidade enorme por ter conseguido o que eu queria, portanto, por maior que fosse a distância, isso não me desanimava.

Era impossível chegar sem atraso, por causa do trajeto do ônibus. Em abril eu já tinha tirado carteira de motorista e comprado meu primeiro carro. Ficou mais confortável e o tempo de carro era suficiente para não chegar com atraso. Era um fusca azul-claro. Eu o achava lindíssimo e cuidava dele como ninguém. Afinal era meu primeiro carro.

Sem prática, já enfrentando o trânsito de São Paulo, era uma coragem que tirava de minhas entranhas. Jamais alguém em sã consciência poderia ter feito o que fiz.

Mas me orgulhava muito disso. A partir de então eu já podia ajudar meus pais naquilo que eles mais precisavam. Ia muitas vezes com o carro para a casa deles, e para meus pais isso era motivo de muita satisfação.

Cheguei a ensinar minha mãe e Izaura, moça que morava com eles, a dirigirem, para que eles não ficassem morando na fazenda sem possibilidades de ir para a cidade quando precisassem.

Comprei um fusca vermelho para meus pais e a vida deles também melhorou bastante a partir disso. Podiam ir para a cidade sem ter que depender de ônibus. Fiz tudo que estava dentro de minhas possibilidades para que eles tivessem um pouco mais de conforto e qualidade na vida.

Tenho orgulho de ter ajudado a reformar um imóvel na cidade onde meus pais moraram enquanto viveram.

No ano seguinte ao que estava lecionando, prestei concurso público e passei. Fui efetivada na escola Parque São Vicente, em Mauá. Lá trabalhei quase um ano.

Era extremamente dedicada e auxiliava o diretor em tudo que precisava. Ia aos sábados dar treinos de handebol para minhas alunas e tive uma equipe fantástica que ganhou o primeiro lugar nos jogos colegiais do ABC. Nesse ano ministrava aulas no Externato Nerina Adelfa Ugliengo, também em Ribeirão Pires. Nessa escola de freiras, aprendi muito. Uma das coisas que tenho como boa lembrança era a arrecadação de roupas que eu fazia para doar aos colonos da fazenda onde minha mãe morava. Isso me dava um prazer enorme.

Em 1975 conheci meu ex-marido, quando estive em São Paulo, numa casa de samba chamada Barracão de Zinco. Começamos a namorar, mas ficava difícil pela distância entre São Paulo e Ribeirão Pires. Mesmo gostando muito da região, dos amigos que fiz e da escola na qual trabalhava, resolvi entrar no concurso de remoção.

Consegui. Araci, minha amiga de Adamantina com quem eu tinha vindo para Campinas e morado no pensionato, já morava em São Paulo, num apartamento que ganhara de seu pai na Rua Bela Cintra. Mais uma vez fui morar com ela.

Minha remoção foi para a escola Professor Aprígio Gonzaga, na Penha, e ao mesmo tempo consegui transferência para a escola Padre Olivetanos, que ficava bem próxima da escola Estadual. Essa transferência foi solicitada pela diretora que era da mesma congregação da escola da Penha.

Tudo estava maravilhoso e eu continuei por muito tempo nessas duas escolas.

Com a diminuição das aulas, no ano seguinte fui trabalhar em outra escola, na Estrada de Itaquera, para completar minha jornada. Essa escola era num bolsão de pobreza e eu enfrentei sérios problemas com invasão do terreno onde ficava a quadra de esporte. Num certo dia, olhando para o lado do muro, percebi que um rapaz se masturbava. Fiquei sem ação, pois a quadra ficava distante da parte administrativa da escola. Fiquei olhando aquela cena e me arrisquei a ir falar com ele.

Quando cheguei mais perto, ele saiu correndo com as calças caindo. Ele caiu, e quando isso aconteceu, eu pedi para que pessoas que passavam por perto o segurassem até que eu voltasse para a parte administrativa e telefonasse para a polícia. Foi o que fiz. A polícia chegou e levou o indivíduo.

Passei por sérios problemas nessa escola, mas enfrentei todos eles e continuava a ser feliz, tentando ajudar meus alunos a serem melhores, a saberem, pensarem e serem crianças mais felizes.

No ano seguinte, consegui ficar somente nas duas escolas novamente. Casei-me e fui morar em Moema. Gostava tanto das minhas escolas e de meus alunos que preferia ir todos os dias para a Penha a me remover para outra escola.

Fiquei grávida de minha primeira filha e continuava dando aulas nas duas escolas. O sacrifício era muito grande, porque passei muito mal durante a gravidez e não tínhamos dois carros. Ia de metrô e ônibus e o carro ficava com meu marido. Muitas vezes passava mal dentro do metrô e tinha de descer e ficar esperando por outro trem. Minha filha Bianca nasceu e continuei nas escolas.

Ficava o dia todo fora e isso era difícil, pois Bianca teve de ir para uma escolinha com quatro meses de idade.

Resolvi deixar a escola particular onde tinha feito vários amigos, dentre eles meu caro professor Camargo, hoje falecido, por quem tenho grande admiração e gratidão por ter me ensinado muito. Esse professor me juntou a seu grupo de compras do Ceasa. Íamos todas as semanas, no fim da tarde, dividir as compras que fazíamos para vinte famílias beneficiadas. Esse ritual era bem conhecido aqui em São Paulo. O professor Camargo e eu éramos os responsáveis pelas compras. Além de fazer muita economia, podíamos ter frutas, legumes e verduras da melhor qualidade. Existiam vários grupos com espaço determinado e muita gente participava desse ritual.

Os padres Olivetanos também foram pessoas que admirei e admiro até hoje. Gentis, me ajudaram muito durante minha gravidez. A quadra de esportes onde dava aula era do lado da casa dos padres e me lembro que em dias de calor eles me ofereceriam água ou suco.

Boas lembranças... Esses queridos padres gentilmente celebraram meu casamento na paróquia São Paulo, na Chácara Flora.

Fiquei grávida de meu segundo filho, Guilherme, e nessa época ainda dava aula nas duas escolas. Afeiçoo-me muito aos lugares e pessoas, e para mim é muito difícil cortar os laços de uma amizade. Os alunos sempre foram motivo de alegrias e se tornaram grandes amigos, isso dificulta a mudança de local de trabalho.

Foi uma época muito boa de minha vida quando tive meus filhos, mesmo com tantas dificuldades, inclusive por serem longe as escolas nas quais trabalhava. No final de minha segunda gravidez, houve concurso de remoção e eu fui para mais perto de casa. Deixei a escola particular e assumi uma jornada de vinte horas na escola Professor Ennio Voss, no Brooklim. Mesmo assim continuei na Penha, no período da manhã, no Colégio Olivetanos.

Na Ennio Voss passei vinte e seis anos de minha vida. Quando lá cheguei, Guilherme estava em um Bebê Conforto, tinha apenas dois meses de idade.

Posso garantir que fui muito feliz durante esses vinte e seis anos nessa escola, que ficava dentro da favela das Águas Espraiadas e ao lado havia um córrego, hoje canalizado. Hoje essa favela não existe mais, em seu lugar foi construída uma linda avenida, a Roberto Marinho.

Era professora de Educação Física e muito comprometida com a escola e com as crianças. Colaborada com a direção da escola e me fazia presente em todas as atividades. O ginásio de esportes era belíssimo e minha primeira vez trabalhando em quadra coberta. Isso era motivo de muito orgulho para mim. Dois professores dividiam o espaço do ginásio comigo, Mauricio e Magali. Escola maravilhosa, alunos maravilhosos e amigos professores maravilhosos.

Fui professora na Ennio Voss durante seis anos, e depois vice-diretora e diretora. A foto, de 1994, é de uma de minhas equipes de voleibol.

A direção da E. E. Professor Ennio Voss

Iniciei minha carreira na direção por acaso. Sempre quis ser vice-diretora do então diretor Mario Bernardes, que nunca me aceitou como sua vice — até hoje não sei o porquê. Esse diretor foi trabalhar na Cogesp e a senhora Mafalda Martinelli, por quem tive grande carinho e admiração, na época vice-diretora, assumiu a direção da escola.

Dona Mafalda sempre que precisava me chamava para ajudá-la a redigir ofícios, atender mães, enfim, serviços administrativos, pois estava sem vice-diretor. Determinado dia, para minha surpresa e satisfação, ela me convidou para ser sua vice.

Assumi a vice-direção da escola e me dediquei muito para que a escola se tornasse um ambiente mais organizado e limpo para os alunos. Dona Mafalda sempre me deu muita autonomia para fazer aquilo que achava correto.

A primeira coisa que fiz foi organizar um mutirão de limpeza com os alunos, num sábado, e deixar a escola mais agradável.

Organizei tudo de forma que em cada classe ficassem alunos responsáveis por deixar tudo limpo e organizado. O mutirão foi um sucesso! A partir desse primeiro, fizemos muitos outros.

A foto foi tirada logo que cheguei nesta escola, em 1982.

Esta é a atual fachada da escola Ennio Voss.

Dona Mafalda adoeceu e tirou licença, vindo logo depois a aposentar-se. Fiquei sozinha como vice-diretora. Na época, poucos queriam ser professores, vice e diretor dessa escola, por estar localizada próxima a uma favela.

Eu era sozinha. A escola tinha curso de Magistério, Ensino Médio, Ensino Fundamental I e II, funcionando em três períodos, com três mil e seiscentos alunos.

A equipe de professores era maravilhosa e me ajudava sobremaneira. Havia sempre um professor responsável pelo período noturno. Não posso deixar de citar a professora Hatumi Hiratsuka, que me ajudou muito na época.

Nessa fase houve uma sindicância na escola, pois a matriz curricular do curso de Magistério havia sido alterada sem homologação da Diretoria de Ensino. Passei dois meses com três supervisoras na escola. Acredito que elas percebiam minha empolgação em trabalhar para que a escola tivesse qualidade, e por isso me indicaram à então delegada de ensino da época, dona Terezinha, para que me designasse diretora.

Fui chamada ao gabinete e dona Terezinha me disse: "A partir de amanhã você é a diretora da escola".

Saí de lá sem saber se estava feliz ou triste porque sabia que a responsabilidade aumentaria.

Para minha surpresa, os professores aceitaram bem a minha designação e iniciei um trabalho que considero de muita qualidade. A minha primeira ação foi a de trazer a comunidade para me ajudar. Não foi muito fácil, porque quando os pais eram chamados tinham muito receio de comparecer, não estavam acostumados a participar e ouvir a diretora.

Fui ganhando a confiança desses pais e aproximando-os aos poucos da escola.

Alguns professores estranharam essa aproximação. Eu precisava convencê-los de que a melhor maneira de conservar o prédio e fazer com que nossos alunos melhorassem seria com a ajuda dos pais.

Tarefa também difícil. Mas não desanimei.

Passei dois anos tentando mudar a imagem que todos tinham da escola. A aproximação aconteceu quando pegou fogo na favela e eu consegui organizar todo o material que salvaram dentro da escola. Muitos professores, ao ver o que estava acontecendo, me ajudaram. Alguns alunos também se envolveram. Etiquetamos tudo o que havia sido salvo do fogo.

A partir desse incidente, os pais começaram a confiar mais na escola e timidamente começaram a se aproximar.

Ao lado do prédio, onde funcionava o Ensino Fundamental I, havia um terreno tomado por entulho: carteiras, mesas e móveis quebrados, ferro retorcido. As janelas das salas davam para esse espaço, portanto, a visão que as crianças tinham era essa. Apenas entulho.

Resolvi, com a ajuda da comunidade, limpar esse terreno. Convidei alguns pais para me ajudarem nessa tarefa num sábado.

Para minha surpresa, muitos pais compareceram e iniciamos o trabalho de limpeza do terreno. Desse terreno foram tirados quatro caminhões de entulho, que foram cedidos pela Administração Regional.

A escola tinha muitos vidros quebrados, pois nos finais de semana era alvo das crianças da comunidade. Elas invadiam e usavam o pátio da escola como banheiro público. Quando chegávamos na segunda-feira, o problema era enorme, porque era preciso fazer limpeza no pátio antes mesmo de iniciar a limpeza de outros locais.

O senhor Nilo, zelador da escola há mais de trinta anos, estava completamente insatisfeito com toda aquela situação e não conseguia dominar tanta crianças e adolescentes que invadiam a escola. Reclamava muito e ficava muito infeliz em não poder controlar aquela situação caótica.

Eu tinha de mudar aquele quadro, conversar com todos os alunos, pedir para que isso não acontecesse mais e mostrar que a escola era deles.

Aos poucos, os professores e eu fomos mudando essa realidade, conversando diariamente com nossos alunos e com os pais.

Como o abandono era muito grande, ratos apareciam à luz do dia após os intervalos. Era outro problema a ser resolvido. Tivemos de fazer desratizações aos finais de semana para acabar com os ratos e a escola poder funcionar com tranquilidade.

No terreno, limpo pela escola e comunidade, passamos a cultivar uma horta. Nesse ano, a professora Georgina Malfitano e a coordenadora Clélia Polentini me ajudaram muito nessa ação.

As fotos são de 1984.

Após o primeiro após de minha gestão, tive o privilégio de fazer parte do Projeto Escola-Padrão.

Logo em seguida consegui uma reforma completa no prédio. Isso foi muito gratificante, pois pude mostrar aos professores e comunidade que minha intenção era de melhorar nosso ambiente de trabalho e construir uma escola com mais qualidade de ensino. O Projeto Escola-Padrão mudou a cara da escola. O prédio, onde funcionava o Ensino Fundamental I, ganhou novas cores, vidros, piso e tudo mudou muito a partir dessa mudança.

O Projeto Escola-Padrão

O projeto educacional Escola-Padrão foi implantado no Estado de São Paulo, como parte do Programa de Reforma do Ensino do Governo Fleury (1991/1994) e surgia como base para a construção de um projeto que se pautava no princípio da autonomia como norteador do novo modelo organizacional, com duas novas funções para a escola pública: enquanto instituição social, seu papel seria o de preparar para o exercício de uma nova cidadania e enquanto unidade de prestação de serviços, devendo garantir aos seus alunos as possibilidades de discussão, estudo e pesquisa e a posse de todos os conhecimentos disponíveis. É importante analisar as mudanças ocorridas na instituição escolar, incluindo as de concepções e metodologias para preservar e entender a história da Educação. É preciso perceber as grandes mudanças por que passou a escola Professor Ennio Voss depois da implantação desse projeto.

A escola passou por sérios transtornos durante a reforma. As aulas transcorriam normalmente, mas com a reforma em andamento. Era muita poeira, muita reclamação de professores e eu tinha de conseguir acalmar e resolver tudo.

A Fundação para o Desenvolvimento da Educação (FDE), facilitadora de todo esse processo, fazia tudo para que a escola ficasse melhor, adaptando os locais para os devidos ambientes sugeridos pelos professores e pais.

Separei internamente o prédio em dois: de um lado passou a funcionar o Ensino Fundamental I e de outro lado, os Ensinos Fundamental II e Médio. A entrada e saída dos alunos também foram mudadas para ruas diferentes, e passamos a ter menos problemas com a mistura de faixas etárias tão distintas.

A escola começava a ter "outra cara". Todos percebiam a mudança e iniciou-se uma grande corrente de ajuda, tanto de pais como de professores e alunos.

Depois de um ano, aproximadamente, a reforma terminou e a escola estava totalmente limpa, sem pichações e sem vidros quebrados. Agora nós precisávamos conservar aquilo que tínhamos conseguido.

Na época havia um projeto mantido pela FDE chamado "Preservação do Patrimônio". Iniciamos o ano letivo fazendo parte desse projeto. Os alunos foram envolvidos e tivemos grande sucesso na preservação dos ambientes.

Nesse mesmo ano iniciamos as aulas com salas ambientes.

Tudo era novidade. Os professores tinham grande prazer em trabalhar nos espaços, nos quais eram considerados "donos". Os alunos, por sua vez, colaboravam para que esses espaços ficassem cada vez mais prazerosos para suas aulas.

É preciso salientar que nessa ocasião a escola funcionava em três turnos, com dois mil e seiscentos alunos matriculados.

A escola foi ganhando mais visibilidade junto à comunidade e pudemos formar Conselhos de Escola e Associação de Pais e Mestres (APM) mais atuantes e participativos.

Nessa época, as escolas eram muito carentes de funcionários e, como a nossa era muito grande, existia a necessidade de mais funcionários: inspetores de alunos, escriturários e para a limpeza da escola. A APM resolveu então contratar e manter oito funcionários, todos eles registrados.

Marta Bueno de Moraes, uma de minhas ex-alunas, foi uma das contratadas para trabalhar na Secretaria da escola. Martinha, como é chamada, foi uma das pessoas que colaboraram muito em todo esse processo. Depois que ingressou no Estado, passou a ser a secretária da escola e posso dizer que foi meu braço direito e esquerdo e muito trabalhou para fazer com que a Secretaria funcionasse. Na foto, Marta trabalhando na festa da primavera!

Éramos oitenta e seis professores, dos quais muitos iam se aposentando, o que dificultava o processo, tanto pedagógico como administrativo. Mas Martinha, sempre muito simpática com todos, nunca deixou de atender os professores e fazer com que todos tivessem seus direitos garantidos no momento correto.

Até então as dificuldades eram grandes porque eu não tinha vice- diretor de escola. Ninguém queria submeter-se a tanto trabalho e dedicação. Depois de quase dois anos sem vice-diretor, a escola foi sede dos Jogos Escolares. A responsável pelos jogos junto à 14ª Delegacia de Ensino era Maria de Lourdes de Souza Gaetta, professora de Educação Física, como eu.

A entrada da professora Lourdes Gaetta na escola foi um fato muito interessante e que merece ser relatado.

Fui ao ginásio de esportes para assistir à apresentação de voleibol do time da escola e iniciei uma conversa com Maria de Lourdes. Depois de um longo bate-papo, a convidei para ser a vice-diretora da escola. Para minha surpresa ela aceitou de imediato.

Pediu apenas para que eu esperasse até terminar os jogos. Assim foi feito. Em uma semana, Maria de Lourdes começou a trabalhar comigo, ficando dez anos na vice-direção.

Foi muito bem-aceita e rapidamente entendeu o trabalho que já vínhamos realizando na escola, passando a ser uma grande colaboradora. Os alunos confiavam muito nela e gostavam de conversar sobre todos os problemas com ela.

Tudo foi acontecendo aos poucos e nosso entrosamento sempre foi muito bom. Um dos problemas que enfrentamos foi com o grande número de alunos evadidos.

Foram dias de muito trabalho. Enfrentamos tudo com muita vontade e fomos resolvendo os problemas ano a ano.

Agora eu tinha uma parceira com quem podia contar. Maria de Lourdes era respeitada tanto pelos pais como pelos alunos e professores.

Tivemos uma gestão de paz, não me lembro de nenhuma discussão ou desentendimento enquanto trabalhamos juntas. Nosso dia era extremamente corrido, mas fazíamos tudo com muito amor e dedicação. Tudo estava dando muito certo. Todos muito satisfeitos com as mudanças que estavam ocorrendo.

A escola Professor Ennio Voss foi uma das primeiras a participar do Projeto Escola-Padrão.

O princípio fundamental desse novo modelo de escola seria o da autonomia entendido em duas dimensões: administrativa, que aumenta a capacidade de decisões dos diretores e o poder de resolução dos problemas cotidianos de cada escola; e pedagógica, que possibilita a cada escola a liberdade de elaborar e desenvolver seu projeto educacional.

Essa autonomia era o sonho dos educadores, que vislumbravam colocar em prática todo o arcabouço de necessidades diagnosticadas nas escolas públicas paulistas.

Foi, assim, o início da realização de sonhos há muito esperados, porém, tratou-se de mais um projeto de governo, criado para dar visibilidade aos governantes, esperanças aos educadores, mas inviável, devido aos custos de ser implantado em toda a rede estadual, portanto não poderia continuar somente em poucas escolas.

Ao contrário do esperado, o Programa de Reforma estabeleceu rivalidade entre grupos de escolas, pela situação diferenciada, da chamada rede comum de escolas.

Diante de tamanha autonomia que nos era concedida para elaborarmos os projetos da escola e diante da boa vontade dos professores em melhorar a qualidade de ensino, a escola e os alunos só se beneficiaram com tudo o que estava acontecendo.

Foram alguns anos de muita euforia.

As trezentas e seis escolas que passaram a funcionar inicialmente como escolas-padrão, em 1992, foram surpreendidas com novas situações: uma sexta aula no dia, aulas aos sábados para os alunos do período noturno, jornadas de trabalho mais flexíveis aos professores, com horas a mais para atendimento individualizado ao aluno com problemas de aprendizagem.

Embora verificando que o projeto dava seus frutos, a resistência às aulas aos sábados, tanto dos professores quanto dos alunos, acabou vencendo e, a partir de 1993, voltaram a ser de segunda à sexta-feira, somente com atividades pedagógicas aos sábados.

O Projeto Escola-Padrão considerou o diretor de escola o elemento-chave de articulação da gestão da unidade escolar e do novo projeto pedagógico proposto, como mediador do processo educacional e, portanto, o melhor parceiro na implantação do Programa de Reforma do Ensino.

Prova disso, uma das primeiras ações da Secretaria da Educação para a implantação do projeto foi organizada em reunião com os diretores das trezentas e seis escolas, instituindo-se uma linha direta com os dirigentes da própria Secretaria, subvertendo uma hierarquia já estabelecida – Unidade Escolar, Delegacia de Ensino, Divisão Regional de Ensino, Coordenadoria de Ensino da Capital ou do Interior e, finalmente, a Secretaria da Educação.

O diretor de escola-padrão assume um papel diferenciado na execução das ações do projeto. É prestigiado pelo grupo de comando do governo e partilha de informações restritas somente às escolas-padrão.

Uma das inovações que, pela primeira vez deu autonomia para a escola, em relação aos professores, apareceu na Resolução SE Nº 269, de 21 de dezembro de 1993, que dispôs sobre o processo de atribuição de classes e/ou aulas do Projeto Educacional Escola-Padrão, onde constava o § 3º do artigo 9º:

> § 3º. – O servidor que, no ano de 1993, não cumpriu as exigências da Escola-Padrão, inclusive quanto às atividades desenvolvidas nas horas de trabalho pedagógico, deverá ter a sua pontuação remetida à Delegacia de Ensino, onde será classificado entre os seus pares.

A maioria dos diretores de escola ficaram entusiasmados com tal dispositivo, pois o professor que não tivesse seu desempenho esperado, não teria aulas atribuídas na Unidade Escolar, concorrendo somente pela Delegacia de Ensino.

Vivemos alguns anos de perfeita sintonia entre a Secretaria da Educação e a escola, que recebeu todos os móveis de Secretaria, cadeiras e carteiras novas, ou seja, havia verbas na chamada Caixa de Custeio, que mantinha a escola em tudo que fosse necessário.

Quero registrar minha gratidão aos professores que me ajudaram na luta para "levantar" a escola: Maria José Sanches, Maria José Gestal, Maria Clotilde de Oliveira Mattos, Ivette Gomes Moreira, Clélia Polentine, Cecília Amorim Di Nápoli, Akiko Maeda, Beatriz Renção, Maria Stella Mochetti, Dilma Forgiane , Marlene, Petruche Date,Wilma Bueno, Elaine Biagione, Georgina Malfitano, Patricia Flores Falcão,Teresa Hiratsuca, Noélia Donata, Sueli, Eleonor Lochter, Sonia Fernandes, Maria Beatriz Renção, Wilma Bueno, Mirian Di Lorenzo, Rejane Fernandes, Sueli de Souza Pizzani, Ana Maria Rapacci, Gilberto Gomes, Cristina Campos, Hatsumi Hiratsuka, Marilia Gonçalves Chiapetta, Maria Estela Pimentel da Costa, Odete Justo, Mauricio A. de Oliveira, Sonia Teller, Lino Alves Seabra, Wagner Soares, dentre tantos outros. Agradeço profundamente a ajuda para que o Projeto Escola-Padrão ganhasse notoriedade em nossa escola e os alunos tivessem os ganhos necessários em sua implementação.

Esses professores e muitos outros que não tenho lembrança dos nomes assumiram, junto com a direção, o compromisso pela mudança.

Não podemos acreditar que apenas a Direção tendo boas intenções, mas que sozinha consiga transformar a qualidade de ensino. Tem de haver um trabalho coletivo, conjugado com os ideais de todos.

Com o passar dos anos, a escola estava completamente lotada e já não conseguia abrir novas vagas, a não ser para a primeira série. Essa foi outra grande dificuldade que enfrentei, pois havia filas no início do ano em busca de vagas. A escola já era tida como a melhor escola pública da região.

O Projeto Escola-Padrão continuava e não posso deixar de citar o Centro de Informação e Criação (CIC), sob responsabilidade da professora Rosana Lopes Persoli. Jovem, bonita, interessada e extremamente envolvida em sua tarefa: o funcionamento da biblioteca. Nessa ocasião, tivemos a colaboração de uma senhora que nos foi indicada por uma mãe de aluno para a reorganização de toda a biblioteca.

O CIC, criado pela Resolução SE N° 243, de 29 de outubro de 1992, passou a funcionar na biblioteca da escola e, em sua essência, priorizou desenvolver projetos culturais e de informação aos alunos e professores da escola-padrão. A condição inicial necessária para seu funcionamento, independente de seu acervo, foi a ruptura com a imobilidade e a utilização mais eficiente de livros informativos e literários, jornais, revistas, mapas, dicionários, jogos pedagógicos, filmes, fitas, TV, vídeo, computadores, gravadores etc. Desta forma, esse centro poderia ser uma ferramenta importante para alcançar um processo de ensino-aprendizagem de qualidade. O papel do CIC, conforme orientação da Resolução, foi estimular/motivar a leitura, dar apoio aos professores em sala de aula, orientar a pesquisa escolar e promover atividades culturais articuladas às atividades pedagógicas. O coordenador do CIC teria que gostar de ler, ser líder entre seus pares e ter interesse em ser um mediador de leitura junto à escola. As funções básicas desse profissional seriam o conhecimento, a organização do acervo, a dinamização do CIC, a promoção dos trabalhos interativos entre sala de aula e CIC, orientação à pesquisa escolar promoção de atividades culturais. A partir da criação do CIC a escola ganhou mais vida e os alunos tinham muitas oportunidades culturais.

Rosana Persoli, a coordenadora, foi uma professora que soube fazer com que a escola também ganhasse visibilidade através da cultura. Minha amiga até os dias de hoje, muito contribuiu para o sucesso das programações culturais da escola. A ela meus agradecimentos pela sua alegria de viver.

A biblioteca da escola foi ficando assim:

Esse projeto foi muito curto na Secretaria da Educação. Com o seu fim, pudemos perceber que a escola perdeu muito. Perdeu bons professores, perdeu verbas e perdeu ainda o que era maravilhoso: a autonomia para atribuir aulas a professores que tivessem tido engajamento e compromisso com o projeto pedagógico da escola no ano anterior.

A escola teve de se superar e encontrar mecanismos e saídas para continuar sobrevivendo. Nessa ocasião já tínhamos a APM e o Conselho de Escola muito atuantes.

Outro projeto que nos alegrou muito e deu grande visibilidade para a escola foi o projeto da Rede Globo de televisão "Amigos da Escola". Esse projeto, lançado na escola com todas as honrarias da TV Globo, foi criado pela Rede Globo com o objetivo de contribuir para o fortalecimento da Educação e da escola pública de Educação Básica. O projeto estimula o envolvimento de todos (profissionais da educação, alunos, familiares e comunidade) nesse esforço e também a participação de voluntários e entidades no desenvolvimento de ações educacionais – complementares, e nunca em substituição às atividades curriculares – e de cidadania, em benefício dos alunos, da própria escola, de seus profissionais e comunidade.

A escola é valorizada e reconhecida pela população por ser ela a única instituição capaz de promover a aprendizagem de conhecimentos, valores e condutas necessários para viver, conviver, produzir e consumir com dignidade na sociedade. Defendo que o ensino sem aprendizagem é um sinal de fracasso da escola, e isso é particularmente importante quando consideramos alunos e famílias pobres.

Quando a escola consegue ultrapassar seus muros, torna-se um polo cultural da comunidade em que está localizada. Há um ganho geral, pois a família passa a valorizar e reconhecer a instituição escolar e a estimular os estudos de seus filhos. O ambiente torna-se mais propício à aprendizagem. Ao perceber que também tem como contribuir com a escola, a família passa a se reconhecer e a valorizar sua própria cultura.

É nesse processo de participação, de reconhecimento de papéis e de respeito às diferenças, que surge o voluntariado educativo cujos protagonistas são amigos da escola.

Com essa parceria tivemos grandes eventos, que a cada dia davam maior visibilidade para a escola, e nossos alunos e pais ficavam orgulhosos com isso. Dentre os vários eventos podemos destacar a vinda do Louro José, sendo realizado um programa ao vivo da escola, com a apresentadora Ana Maria Braga. Outro evento foi a vinda de Serginho Groisman, num sábado, quando realizamos um trabalho belíssimo de pintura em painéis gigantes onde os alunos retratavam aquilo que esperavam da escola.

Numa outra ocasião participamos, ao vivo, do programa Jornal da Tarde. Vários jornalistas e apresentadores visitaram a escola, dentre eles, Zeca Camargo, Serginho Groisman, Chico Pinheiro, Ana Maria Braga entre outros.

Práticas bem-sucedidas

Uma das práticas bem-sucedidas que motivou os professores a terem frequência mais satisfatória foram os bilhetes de agradecimentos e elogios que eu envia diariamente. Sobre a mesa havia um bloco de recados que era usado a qualquer momento que eu presenciasse alguma atitude que fosse passível de elogios. A frequência também era elogiada.

Como essa prática surtiu muito efeito, a APM da escola achou por bem premiar os professores que tivessem poucas faltas durante o mês.

Era realizado um sorteio com um prêmio para os professores sem ausência. Essa prática foi muito bem-aceita por todos os professores e surtiu bons resultados para sanar o problema do absenteísmo docente.

A ideia inicial da APM para essa premiação era que fosse dado ao professor sem nenhuma falta uma recompensa financeira em valores, mas essa prática não foi acatada pela Supervisão de Ensino da Secretaria da Educação. Precisamos ter clareza que muitas vezes a escola "tropeça" em normas que não podem ser feridas, por impedimento legal.

Sobre esse assunto, gosto muito de relembrar um fato que ocorreu por ocasião de minha saída da escola. Marquei uma reunião com a APM, Conselho de Escola, professores e funcionários para fazer minha despedida oficialmente.

Para minha surpresa, a professora Maria Cecília Amorim Di Nápoli tirou da bolsa vários bilhetes com datas bem antigas e mostrou aos presentes. Esses bilhetes haviam sido escritos por mim há mais de oito anos e traziam subscritos elogios à sua pessoa, tanto pela frequência como pelos serviços que tão bem prestava aos alunos. Foi um momento de muita emoção, pois jamais imaginei que aqueles bilhetes tinham sido a causa dessa professora ser tão estimulada em seu trabalho, conforme seus relatos.

A escola era movida por entusiasmo e muita alegria. Minha ação era para que isso fosse natural e que as pessoas atuassem com motivação e prazer. Os professores eram constantemente motivados para uma boa atuação pedagógica, com resultados positivos na aprendizagem dos alunos.

Meus bilhetes surtiram efeitos positivos em toda a escola. Todos procuravam fazer o máximo para que a equipe gestora percebesse o seu trabalho. Eram coisas simples, mas que colaboravam para a atuação dos professores e, por consequência, para a aprendizagem dos alunos.

Uma das lembranças que tenho é da professora Georgina Malfitano, que levava seus alunos a frequentarem a biblioteca com assiduidade. Isso me motivava a fazer elogios sob a forma de bilhetes que eram colocados em seu Livro Ponto. Percebia que isso reforçava essa prática e que muitos outros começavam a fazer a mesma coisa. O reflexo era que a cada dia mais alunos frequentavam a biblioteca da escola.

A escola foi aos poucos conseguindo adesão de mais professores para as ações que desenvolvia. Os resultados eram visíveis para toda a comunidade, pois a cada ano os índices do Sistema de Avaliação do Rendimento do Estado de São Paulo (Saresp) surpreendiam a todos.

A escola conseguiu atingir o primeiro lugar nessa avaliação nos Ciclos I e II do Ensino Fundamental.

Essa colocação foi um excelente incentivo para os professores, pois naquele ano todos receberam o bônus máximo concedido pelo Governo do Estado de São Paulo.

A cada ano que passava eu acreditava que a escola estava com todos os índices que procurava atingir acima da meta constante em sua proposta pedagógica. A escola zerou sua evasão escolar e o índice de retenção nas séries finais dos ciclos era mínimo. O número de alunos que frequentavam a recuperação paralela também diminuía a cada ano que passava, e isso era o reflexo do bom trabalho realizado pelos professores em sala de aula.

É preciso salientar que na época, o professor Luiz ministrava as aulas de recuperação. Essas aulas eram verdadeiras "festas" na escola. Os alunos eram frequentes e não acreditávamos em tudo o que estava acontecendo. O professor Luiz era um jovem professor da USP entusiasmado com novos projetos e novas metodologias. As aulas eram ministradas de maneira diferente, ora no teatro, ora na sala de informática, ora com música. De fato, ele realizava verdadeira revolução metodológica para que os alunos se apropriassem do conhecimento.

Os alunos tinham nesse professor um amigo, e não apenas um professor. No período em que esteve conosco, houve diminuição do índice de alunos que precisavam da recuperação paralela, principalmente de alunos das quintas e sextas séries.

É preciso lembrar também que a presença do professor Luiz nos Conselhos de Classe e Série das turmas em que tinha apenas alunos de recuperação paralela foi muito significativa, pois tudo que fazia em suas aulas era repassado para os demais professores da escola. Esse professor era bem-aceito por todos e isso facilitava nosso trabalho na escola.

Vale salientar que sempre tive a APM, o Conselho de Escola, o Grêmio estudantil e os alunos representantes de classe como parceiros. As reuniões para tomada de decisões importantes da escola tinha participação maciça dessas pessoas.

As festas na escola

Acredito que uma escola alegre, com pessoas felizes, precisa ter também grandes festas. Todo final de ano, a APM organizava um grande evento para finalizar o ano e agradecer aos professores pelos serviços prestados. Nossos encontros eram cheios de alegria e partilhávamos momentos de muita descontração.

Vale ressaltar, ainda, as Festas Juninas, que se iniciaram timidamente. Eram realizadas com a finalidade de angariar fundos para a APM da escola, bem como promover a integração escola-comunidade. A APM trabalhou incansavelmente para o sucesso dessas festas, mas isso era problemático porque a participação dos pais no início ainda era muito tímida.

Aos poucos fomos trazendo os pais para festas, organizando apresentações muito bem preparadas pelos professores dos Ciclo I e II. A cada ano que passava as festas foram se tornando mais atrativas e tomando um vulto que a própria APM não acreditava. As Festas Juninas se tornaram ponto de encontro de nossa comunidade. Os pais da APM, Conselho de Escola e Grêmio Estudantil tinham um envolvimento com a festa dois meses antes de sua realização, e isso fazia com que em um único dia a escola conseguisse arrecadar mais de dez mil reais.

Mas, o que era muito bom nas nossas festas é que todas as crianças, nossos alunos, que não podiam comprar fichas para as brincadeiras, eram beneficiados com fichas para brincarem nas barraquinhas. A APM sempre foi muito cuidadosa e cautelosa com esse detalhe.

Cabe lembrar aqui que o empenho e dedicação dos professores das séries iniciais do Ciclo I e da professora Amelia Rimoldi foram decisivos para o sucesso de nossas festas.

O uniforme da escola

Aos poucos fomos percebendo a necessidade de uniformizar a escola para evitar que crianças, que não eram alunos da escola, se infiltrassem. Reunimos o Grêmio Estudantil, o Conselho de Escola e a APM para votação pela utilização de uniforme na escola.

A partir dessa votação, ficamos um ano implantado a uniformização. Inicialmente fizemos parceria com os professores de Arte para a criação de um concurso para que os alunos desenhassem um modelo para o uniforme e também o seu logotipo.

Escola Estadual EN Profº "Ennio Voss"

Todos os alunos da escola foram envolvidos nesse concurso e também no processo de votação do melhor desenho.

Após a votação, passamos para a APM, o Conselho de Escola e o Grêmio o modelo escolhido pelos alunos, ilustrado nesse livro.

A empreitada de produzir o logotipo da escola ficou a cargo da professora Eleonor, que teve um trabalho excelente na escola e a quem devo meus agradecimentos.

Essa proposta foi muito interessante, pois promoveu a tomada de decisão pelos próprios alunos, que assumiram com prazer o uso do uniforme votado pela maioria, e também para os vencedores dos três primeiros lugares, que foram premiados pela APM da escola. É bom lembrar que o uniforme utilizado pela escola até os dias de hoje é o mesmo de outrora.

No início de 1995, a escola já estava uniformizada. Para os alunos carentes, a APM doava os uniformes.

Parcerias da escola

Sempre me preocupei muito com o crescimento intelectual e com a aprendizagem dos alunos, e para isso não media esforços para firmar várias parcerias, sempre com o compromisso de beneficiá-los.

Aproveitei todas as parcerias com os vizinhos do bairro que queriam colaborar com a escola.

Uma dessas parcerias foi com uma empresa de jornalismo, vizinha da escola, que desenvolveu o Projeto This *Kid Links*. Nossos alunos se beneficiaram muito com as visitas que fizeram a vários lugares e, ao mesmo tempo, a escola ganhou um jornal editado por eles.

Fazia parcerias com as escolas de Inglês do bairro, agraciando muitos alunos com bolsas de estudo.

Sempre procurei firmar parcerias que pudessem trazer melhorias para a escola e que pudessem ampliar o universo cultural das crianças. E, mesmo às vésperas de meu afastamento para lecionar na universidade, firmei parceria com os Parceiros da Educação, uma organização da sociedade civil de interesse público (Oscip) que promove e monitora parceria entre empresas/empresários e escolas da rede pública.

Firmamos parceria com a empresa Vivo (telefonia), que imediatamente nos doou trinta e cinco Mac books que foram colocados em uma sala montada especificamente para desenvolvermos projetos disciplinares voltados à tecnologia.

Não acompanhei todo o processo da parceria, mas os frutos estão sendo colhidos até os dias de hoje.

Os espaços da escola

Sempre acreditei que os espaços da escola devem ser bem-cuidados para que a estética seja observada e valorizada pelas crianças. Ao longo de todos os anos que passei na Ennio Voss, sempre me preocupei muito com cada espaço, cada canto da escola. Tudo deveria ser muito bem-cuidado e com muitas plantas e jardinagem. A escola, após alguns anos de trabalho, é essa da foto.

As crianças do Ensino Fundamental I cuidavam de canteiros com flores ornamentais que foram cuidadosamente inseridos no pátio interno da escola.

A jardinagem da escola era realizada por Juscelino, que sempre esteve presente na escola como prestador de serviços pagos pela APM. Os jardins eram como tapetes verdes com plantinhas ornamentais, formando desenhos elaboradas. Muitas aulas de Ciências, Matemática e Arte foram ministradas nesses espaços.

Todos esses cuidados fazem com que os alunos se apropriem da escola como espaço de convivência saudável e colabore com sua preservação. Quando são responsabilizados por algum espaço da escola, consequentemente o alunos assumem esse espaço como seu e isso traz grandes benefícios para a escola como um todo.

A professora Eleonor ministrava aulas de Arte e era extremamente comprometida com seu trabalho, dando muitas ideias que foram acatadas por todos. Fazia dos espaços e do tempo da escola algo que refletia em motivação e conhecimento para os alunos e embelezamento dos espaços.

Firmamos parceria com uma empresa fabricante de pedras para a construção de mosaicos. Foram doadas muitas caixas de pedras coloridas.

A professora Eleonor construiu muitos painéis com os alunos. Esses painéis estão nas paredes da escola até os dias de hoje e podem ser vistos por todos que por lá passarem.

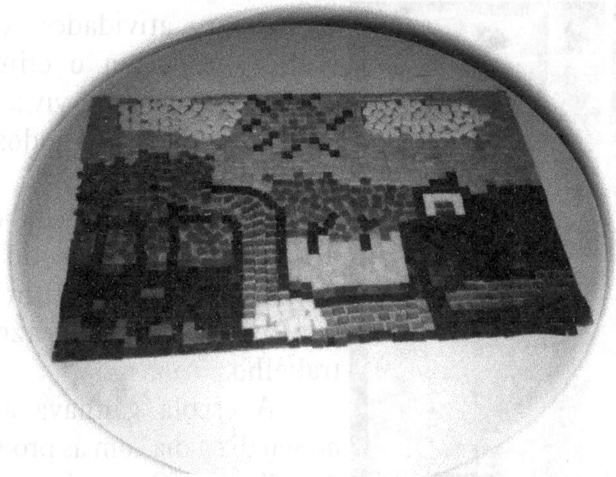

Outra iniciativa foi a de construir um muro decorado pelos alunos do Ciclo I, com azulejos pintados a mão com motivos ecológicos.

Cada criança pintou um azulejo.

Hoje, esses azulejos decoram a parede da quadra de esportes onde são ministradas as aulas de Educação Física para o Ciclo I.

Essas atividades deram vida e mudaram o clima da escola. A escola era viva, cultivada e cuidada por todos com muita dedicação.

Conseguimos estabelecer um clima amistoso do qual todos podiam usufruir, com contentamento e prazer no trabalho.

A escola ganhava alegria no seu dia a dia com as produções dos alunos. Os professores de Arte e Educação Física, sempre muito motivados, tinham produções com as crianças que encantavam a todos.

O ginásio de esportes era um lugar muito cuidado pelos alunos. Os professores que por lá passaram enquanto eu estive na direção da escola foram muito especiais. A Ennio Voss ganhou muitos prêmios e troféus com os times de voleibol, basquetebol e handebol.

Não posso deixar de citar os professores: Maurício, Magali e a minha grande amiga Amélia Rimoldi, professora nessa escola até os dias de hoje. Essa profissional ajudou muito na organização de eventos da escola. Quero expressar aqui minha eterna gratidão a ela.

Criamos, com a ajuda de mães da APM, uma brinquedoteca para as crianças de Ciclo I. Fiz parceria com uma escola particular da região que fazia campanha com seus alunos para doarem brinquedos em bom estado para a escola. As crianças gostavam muito desse espaço, um local que os professores cuidavam com bastante esmero.

Os corredores da escola tinham bebedouros com água gelada para os alunos e se mantinham cuidados e sem vandalismos. Os banheiros tinham espelhos, sabonete e detalhes especiais, como pias de granito.

O uso de salas ambientes colaborou para que não houvesse vandalismo na escola. Os alunos foram se apropriando dos espaços como se tudo fosse parte da vida deles.

Os professores assumiram a responsabilidade pela melhoria dos espaços da escola e não se cuidaram dos alunos nas salas ambientes para que não houvesse vandalismos.

É preciso salientar que quando os professores trabalham mais satisfeitos com suas salas, os progressos dos alunos são maiores e o clima positivo da escola, favorecedora de novas aprendizagens, é sentido por todos.

Tive o privilégio, enquanto gestora, de trabalhar com professores engajados, comprometidos, e isso favorecia muito meu trabalho na direção da escola. Dentre esses professores, destaco o brilhante trabalho da professora Noélia, de Ciências, que tão bem sabia fazer uso do laboratório em suas aulas.

No início do ano, havia muitos professores engajados com a proposta pedagógica da escola e isso fazia com que fossem partícipes e se responsabilizassem pela aprendizagem dos alunos. Essa "carta de intenções" era escrita por muitas mãos e vivida e discutida com muita propriedade por muitos professores. Não posso dizer que o total de professores se engajavam na proposta da escola, mas o número era insignificante. Os profissionais que não se envolviam rapidamente, se removiam ou escolhiam aulas em outra escola. Nossa proposta de trabalho era bem clara para os professores que chegavam à escola.

Tínhamos uma proposta que deveria ser cumprida por todos. Apoiávamos os novos professores e dávamos suporte para que ele se adaptasse, mas infelizmente muitos deles não se adaptavam em uma escola que não tinha o hábito de "subir aulas".

É muito importante salientar que em nenhum momento posso dizer que a construção desse processo foi fácil e sem percalços. A autonomia construída é um fato importante para muitas discussões e muitos acertos e erros.

A construção desse processo só ganha sentido com o comprometimento de todos, e para que isso aconteça são necessárias discussões e tomadas de decisão, que podem gerar conflitos. Cabe ao gestor minimizar os conflitos e conduzir essas discussões para a melhoria da escola e a qualidade do ensino-aprendizagem.

Para que houvesse uma boa comunicação entre todos, sem conflitos, organizava reuniões semanais com toda a equipe gestora para discutir a pauta de Hora e Trabalho Pedagógico Coletivo (HTPC) e as pendências da semana. Esses momentos foram muito ricos para nossa aprendizagem. Sempre procurei "dar voz" para todos e valorizar o trabalho de cada um, dando autonomia, delegando e, ao mesmo tempo, cobrando responsabilidade naquilo que era sua tarefa para a semana. Essas reuniões tinham registros e cada um tinha seu tempo para expor ideias e resultados alcançados. Eram reuniões muito produtivas, pois todos sabiam o que o outro estava fazendo e procurava integrar-se à equipe.

As reuniões se tornaram rotinas e todos já vinham preparados para apresentar o resultado da pauta de HTPC anterior e montar a próxima pauta. Sempre encontrei facilidades e dificuldades para dirigir essas reuniões, porém as dificuldades eram superadas com o passar dos anos.

Acredito que as reuniões de equipe fortaleceram a construção da autonomia da escola, pois eram momentos de criar e recriar os projetos interdisciplinares, bem como a consecução da nossa proposta pedagógica. As discussões pela divergência de pontos de vista pedagógico eram calorosas, mas sempre havia ganhos, pois era possível perceber o crescimento de cada um. O mais importante nesses encontros era saber ouvir e acatar as decisões coletivas.

Apesar da minha convivência com pessoas de diferentes pontos de vista no campo educacional, consegui, ao longo dos anos, me adaptar a eles e tirar proveito para meu crescimento profissional.

Outro fator que colaborou para que os alunos se apropriassem dos espaços da escola e participassem das suas ações foram os encontros que realizava com os alunos representantes de classe, mensalmente. Esses encontros foram fundamentais para que os alunos apontassem soluções para os problemas da escola.

Um momento de integração e alegria para os alunos do Ciclo II foi quando ganharam um brinquedo de parque comprados com recursos da APM. O brinquedo se tornou uma atração para todos.

As comemorações da escola

A escola sempre foi muito dinâmica e as festas aconteciam em ambientes muito agradáveis. Nossas formaturas eram realizadas anualmente. Ora em clubes, ora na própria escola.

A escola foi palco de muitas outras festas realizadas com muito sucesso: Festa da Primavera, Festa das Nações, Festa do Folclore, dentre outras.

Projetos da escola

A preocupação de aliar a aprendizagem aos valores e à vida sempre foi muito forte em minha gestão. Motivar professores e alunos para aderirem aos projetos para desenvolver a autonomia dos alunos, bem como sua preparação para a vida em sociedade, sempre foi o foco da equipe gestora. Vários projetos foram implementados, dentre eles destaco:

Projeto Vértice, idealizado com o objetivo de melhorar a aprendizagem dos alunos em Matemática. Alunos do Ensino Médio do Colégio Vértice davam aulas de reforço aos alunos das oitavas séries do Ennio Voss. Essas aulas aconteciam sob a orientação da professora Akiko Maeda, que acompanhava os alunos até o colégio duas vezes na semana. Ao final do ano sempre havia a confraternização entre as escolas. Agradeço à diretora e mantenedora dessa escola, professora Walkiria, pela oportunidade dada aos meus alunos.

Projeto de Mãos Dadas, idealizado por mim e pelo diretor da escola vizinha, E. E. Professor Osvaldo Aranha. Tratava-se de desenvolver com os alunos a responsabilidade social. Os alunos do Ensino Médio daquela escola vinham para o Ennio Voss como voluntários no Ciclo I, ajudando os alunos com dificuldades de aprendizagem. Tínhamos trinta e cinco alunos voluntários, entre os meus alunos, das oitavas séries, e os alunos do Ensino Médio do Osvaldo Aranha. Esse projeto ganhou em segundo lugar no MEC, e as duas escolas receberam prêmio em dinheiro pelos resultados apresentados no ano de 1998.

Projeto Natal para os alunos carentes. Com a ajuda de muitos professores, era organizada uma festa natalina para todos os alunos do Ciclo I. Cada criança, além de receber um presente do papai Noel, tinha a oportunidade de conversar com ele e contar a sua história, tanto escolar como familiar. Quem se vestia de papai Noel era um amigo meu e outras vezes algum professor.

Projeto Todos pela Paz, duas vezes por ano saímos pelas ruas do bairro, entregando mensagens que eram escritas pelos alunos e colocadas dentro de bexigas brancas. As bexigas, além de entregues, eram amarradas nos troncos das árvores em volta da escola. Essa atividade foi muito interessante, pois fortaleceu o elo entre a escola e as famílias das redondezas da escola.

Projeto Fanfarra, liderado por um pai que pertencia à APM. Foi um dos projetos do qual tive muito orgulho. Foi um projeto muito difícil, pois precisávamos conseguir instrumentos e, até que isso acontecesse, demorou muito. Com o tempo, a APM colaborou na compra de mais instrumentos e chegamos a ter quarenta participantes. Foi um sucesso! A fanfarra se apresentou em várias regiões de São Paulo e participou de vários desfiles cívicos pela Secretaria da Educação.

Projeto Escola da Família, mantido pela Secretaria da Educação, desenvolveu muitas atividades na escola, dentre elas o encontro com lideranças comunitárias em 2003.

Projeto Proerd, parceria da Secretaria da Educação com a Polícia Militar de São Paulo, procurava trabalhar com as crianças da quarta série na prevenção contra as drogas. Todos os anos a escola participava e fazia sua formatura junto ao Batalhão da Polícia Militar de São Paulo.

Projeto Meio Ambiente: Verde Que Te Quero Ver-Te, dentre várias ações que a escola desenvolvia na sala de aula com os professores, os alunos eram responsáveis por plantar em garrafas pets e colocá-las nos muros internos da escola. Esse trabalho era muito envolvente, pois os alunos percebiam o crescimento das plantas e cuidavam dessas paredes verdes. Também tínhamos parceria com um catador de papel, que todos os dias vinha recolhia os papéis descartados pela escola.

Projeto Não às Drogas, desenvolvido com os alunos do Ciclo II para o combate ao uso das drogas. Esse projeto foi muito valioso na escola, pois tivemos muitos casos de alunos envolvidos com drogas no ano em que esse projeto foi desenvolvido. Muitos deles vinham falar conosco sobre o problema e junto com os pais resolvíamos da melhor maneira possível.

Projeto Coral, que se apresentou em vários locais do bairro e também na Secretaria da Educação. Era desenvolvido por uma estagiária da faculdade de música e foi um projeto que ganhou a adesão de muitos alunos.

Projeto Dia do Convívio, no qual cada professor representante de classe era responsável por fazer o dia do convívio com a classe que coordenava. Esses encontros podiam acontecer uma vez por mês, após o horário do intervalo, em local que o professor organizava. Eram momentos de encontros e familiarização com o professor e visava ganhar mais confiança dos alunos para melhor entendê-los.

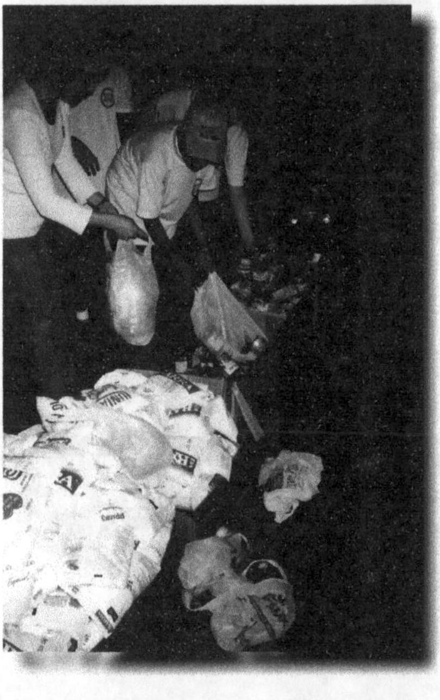

Projeto Solidariedade, liderado por mães da APM, visava arrecadar alimentos para serem doados a um asilo de idosos na Vila Santa Catarina. Os alunos acompanhavam essa doação e o projeto acontecia todos os finais de ano.

Vale ressaltar que a escola realizava muitas atividades extracurriculares.

Todas as séries produziram muitas atividades resultantes de vários passeios: Feira do livro, Estação Ciências, Museu da Língua Portuguesa, Centro Histórico de São Paulo, Zoológico, Museu do Ipiranga, Horto Florestal, Jardim Botânico, dentre outros.

Durante minha gestão na Ennio Voss, a escola recebeu várias autoridades da Secretaria da Educação, com destaque para a professora Rose Neubauer, então secretária da Educação; o ministro Paulo Renato de Souza; o governador Geraldo Alckmin; a senhora Lila Covas, esposa do então governador Mário Covas; o promotor de Justiça Caio Blatt; a professora Arlete Scotto, então dirigente de Ensino, Gabriel Chalita, então secretário da Educação; o governador José Serra, dentre outras autoridades.

Muitas foram as premiações da escola. Uma delas, recebida no ano de 1998, quando fui representar o Estado de São Paulo, em Fortaleza, como a escola que soube aplicar com excelência a verba do Dinheiro Direto na Escola, programa que envia anualmente uma verba para a APM da escola.

Em 2001 a escola foi premiada pela Secretaria da Educação como a escola que mais cresceu na melhoria da qualidade de ensino do Estado de São Paulo. Nessa ocasião, a escola ganhou uma excursão, que contemplava quarenta pessoas, para as cidades históricas de Minas. Para esse evento foram dois pais da APM, professores e alunos.

A escola participou de um Congresso Internacional com a brilhante participação da APM da escola, representada pelo senhor Edval de Andrade, que durante muitos anos colaborou com a escola sendo o diretor financeiro dessa instituição. Tivemos a oportunidade de conhecer José Saramago que foi um dos conferencistas do evento.

CENT
Seminário de
Avaliação do
Programa
Dinheiro
na Escola.

Premiação da Rede Estadual de Ensino
E.E. Prof. Ennio Voss
Diretoria Centro - Oeste

FL
MG
FAEMAM
GOVERNO DO ESTADO DE SÃO PAULO
SECRETARIA DO ESTADO DA EDUCAÇÃO
ESCOLAS PREMIADAS 2001 VIAGEM ESTUDO do MEIO
Cidades Históricas de Minas Gerais

APM
APM
APM

Premiação da Rede Estadual de Ensino
E.E. Prof. Ennio Voss
Diretoria Centro - Oeste

Não posso deixar de agradecer a muitas pessoas que fizeram da Escola Estadual Professor Ennio Voss ser o que é hoje, um espaço privilegiado de aprendizagem e conhecimento. Dentre elas posso citar os professores: Tatiana Anselmo Kim, Claudia Rapozzeiro, Cecília Amorim Di Napoli, Maria Helena Negrão, Silvia Pedroso, Telma Freire, Amélia Rimoldi, Clotilde de Oliveira Mattos, Noélia Donatto, Akiko Maeda, Teresa Hiratsuca, Ana Maria Cabrera, Maria Amélia Cabrera, Dinéia Paiatto Millas, Maria Estela Conte Mochetti, Maria Amélia Cabrera, Maria Aparecida Falchi, Georgina Malfitano Ana Flávia, Claudia Paiva de Souza, Ricardo Ferreira,Vera Lúcia Matta, Patricia Miréia Polloni, Dilma Forgiani, Maria Celeste Pestana, Cintia Barbosa Teichart, Aida Peixoto de Albuquerque, Silvia Pedroso, Marisa Aparecida Dinardo, Neusa Crespo Franco, Edilza Martins Cruz, Edith Miranda Paes, Gilvanda Palmeira do Nascimento, Takako Takaishi, Maria Conceição Telles, Carla Maria Hiratsuka, Ricardo Ferreira e Beatriz Renção.

Um agradecimento especial à Ana Cabrera, Beatriz, Tatiana e Cintia, por terem compartilhado da direção da escola comigo.

Foram muitos... Se me esqueço de alguns, minhas desculpas.

Uma pessoa a quem devo um agradecimento, também especial, é Renata, que cuidava da escola como se fosse sua casa. Os cuidados com os pais, com os alunos e com os professores era impecável. Renata cuidava da portaria da escola e fazia as funções de telefonista e atendimento geral. A ela meus agradecimentos mais sinceros.

Agradeço a todos que colaboraram para o sucesso da escola.

Os funcionários que passaram pela escola também precisam de agradecimentos especiais, pois foram pessoas empenhadas e dedicadas em fazer da escola um espaço de convivência agradável. Dentre tantos, posso citar: dona Carmem, Leonilda, dona Joana, dona Ana, Dona Valmira, Valdelice, Penha, dona Nadir, Wilma, Graça, Maria José, dona Aracy, Luzia, Clóvis, Rosa, Vicente, senhor Abel, Milena, senhor Nilo, zelador e pessoa que me ajudou muito a conhecer a escola quando assumi a direção.

Todos faziam parte da família Ennio Voss e tenho muita saudade dessa turma, pois cada um, à sua maneira, ajudou a escola a ser o que é.

A Pós-Graduação

A cada dia sentia mais necessidade de me aprimorar em Gestão Escolar. Tinha certeza de que havia encontrado meu caminho. Queria fazer um curso de Pós-Graduação relacionado à Gestão Escolar.

Ao me encontrar com a professora Beatriz Loureiro, na época coordenadora na Unesp de Araraquara, no casamento da filha da professora Regina Caroni, de quem era irmã, fiquei sabendo que havia um curso de Gestão de Organizações Educacionais em Araraquara.

Convenci minha vice na época, professora Lourdes Gaetta, e professora Regina para juntas nos matricularmos nesse curso. Durante um ano e meio íamos todos os sábados para Araraquara.

Saíamos de São Paulo às cinco horas da manhã e voltávamos às vinte e um horas, aproximadamente. Essas viagens eram muito alegres e se tornaram viagens de trabalho, pois íamos e voltávamos discutindo os problemas da escola à luz das teorias vistas em aula.

Eram trocas de conhecimento e discussões, mas sempre pensando em teorizar aqueles problemas difíceis que enfrentávamos na escola. A cada dia eu tinha mais vontade de estudar e crescer profissionalmente.

Ao terminar esse curso me inscrevi para prestar a prova para o Mestrado na PUC. Fui promovida e fiz o curso com bolsa da Secretaria Estadual da Educação.

Foram três anos de muito estudo, sacrifício, mas, sobretudo, de muito conhecimento.

Nesse período eu já ministrava aulas de Gestão Escolar em Osasco, em uma faculdade particular, portanto, meu tempo para me dedicar aos estudos era escasso. Tinha a escola e o Mestrado para dar conta.

Meus finais de semana se tornaram clausuras nos livros e na frente do computador.

Passava horas estudando nas noites em que não ministrava aulas e também nos finais de semana. Acredito que todas essas dificuldades me fizeram crescer muito como educadora.

Aprendi a ler a realidade com um olhar mais aguçado e com uma visão mais crítica dos acontecimentos.

Sempre sonhei com uma educação de qualidade para quem mais precisa dela. Acreditava que poderia, pelas minhas leituras e conhecimento, favorecer as crianças que precisassem da escola, ofertando uma educação de qualidade e de oportunidades.

A fase de qualificação do trabalho foi um momento de realizar os acertos no trabalho. Fui muito criticada pela Banca, que apontou mudanças no trabalho. Foram três meses de trabalho exaustivo para deixar o trabalho conforme haviam me solicitado. Tinha data marcada para a apresentação e isso me deixava mais ansiosa a cada dia que passava. Foram momentos de muito estudo e de muitas noites maldormidas. Chegou o dia da minha apresentação, após várias tentativas de entregar o exemplar final. Após seis trabalhos entregues, consegui depositar o exemplar final.

Para meu contentamento, obtive nota dez na apresentação final. Meu trabalho foi muito elogiado e acreditei que ele pudesse trazer algum benefício para as escolas da rede estadual.

Como era bolsista da Secretaria da Educação, o contrato rezava a entrega de um exemplar digitalizado para a Coordenadoria de Ensino e Normas Pedagógicas (Cenp). Fiz a entrega, mas não posso dizer que alguém leu meu trabalho, pois nunca tive esse retorno.

O Mestrado me abriu as portas para lecionar em uma universidade particular, e lá cresci muito mais, porque tive a responsabilidade de mostrar aos futuros professores a importância do conhecimento e das oportunidades obtidas pela Educação.

Minha carreira universitária foi marcada por momentos de grande contentamento e satisfação. Fui coordenadora de curso de Pós-Graduação que organizei na universidade com sucesso.

Por anos seguidos fui paraninfa das turmas de formandos da universidade, o que foi muito gratificante para mim. Ministrei muitas disciplinas e isso me deu oportunidade de aprimoramento profissional.

Acredito que minha experiência como gestora, professora e principalmente educadora me levaram a ministrar aulas, nas quais a realidade da escola era levada para a universidade. A teoria revisitava a prática num diálogo de experiências vividas.

Em 2008 me afastei da escola, por dois anos sem remuneração, e fiquei apenas na universidade, pois tinha assumido várias funções que me impediam de exercer a direção. Após esses dois anos reassumi o cargo, mas dessa vez fui trabalhar como supervisora de ensino na Diretoria da Centro-Oeste.

Foi um trabalho que exerci com prazer, pois continuava aprendendo muito por meio dos trabalhos que eram a mim confiados. E a alegria foi maior ainda porque voltei a trabalhar com minha antiga vice-diretora, Maria de Lourdes, agora supervisora de ensino.

E para finalizar...

Com esse livro gostaria de mostrar que há esperança para a transformação das pessoas pela Educação. Basta querer e ter compromisso com a melhoria da qualidade de ensino para nossas crianças. Minha história de vida deixa claro o papel que a Educação teve em minha existência. Acredito que só consegui sair de uma cidade pequena, onde não existia campo de trabalho e Ensino Superior, porque li muito e tive professores que me indicaram caminhos.

Cabe a nós, educadores, a tarefa de motivar, indicar e fazer com que os alunos tenham projetos de vida. Sabemos que a criança carente tem poucas oportunidades de leitura, por isso é essencial a figura do educador, até mesmo para conversar com os pais para que mostrem o caminho do conhecimento aos filhos.

A escola tem a responsabilidade de realizar sua função social, entendida aqui como oportunidade aos alunos por meio do conhecimento.

Função social que não podemos deixar de cumprir, pois a escola pública é o local apropriado para que o aluno adquira os conhecimentos que levará ao longo de sua vida.

Acredito que foi essa escola e os bons professores que tive que me oportunizaram a vida, a alegria e a sabedoria para me colocar diante do mundo.

Agradeço a todos que me incentivaram e fizeram de mim o que sou hoje.

Tenho certeza que me realizei profissionalmente e vou levar comigo, para sempre, a lembrança de todos que me oportunizaram as alegrias que vivi ao longo de minha carreira profissional.

Hoje me considero uma pessoa realizada na companhia de meus dois filhos, que são minha alegria de viver.

Além de todas as premiações, compartilho com todos, algumas das reportagens em que a escola Ennio Voss teve destaque.

GOVERNO DO ESTADO DE SÃO PAULO
Secretaria de Estado da Educação

São Paulo, 29 de junho de 1998.

À
Direção, Equipe Escolar e APM da
EEPSG Prof. Ênio Voss, Brooklin, São Paulo

Prezados (as) Senhores (as),

Pela presente, tenho a satisfação de informá-los que o programa de um minuto da série ***Escola Que Faz Sucesso***, filmado na Escola Ênio Voss e que aborda o uso correto da informática educacional na aprendizagem das disciplinas consideradas mais difíceis, eo o entusiasmo de alunos e professores pelo assunto, estará sendo veiculado em todas as emissoras de televisão do Estado, nesta quinta-feira, dia 02 de julho, em vários horários – inclusive no Jornal Nacional, SPTV das 12h30 e novela das 20 horas do SBT, bem como em emissoras de rádio da capital, e do interior.
Aproveitamos para agradecer o apoio dado por professores, pais e alunos neste projeto, além da excelente participação da professora Cleusa Police, diretora da escola em todo o processo.
A Ênio Voss está de parabéns pelas iniciativas que tem tomado na utilização da informática educacional e na organização escolar, com benefícios para todos; cabe a nós fazer com que também a população conheça melhor mais esta experiência de sucesso

Cordiais Saudações.

Profa. Rose Neubauer,
Secretária da Educação

PRESIDÊNCIA DA REPÚBLICA
ASSESSORIA DA PRESIDÊNCIA DO CONSELHO DA COMUNIDADE SOLIDÁRIA

Carta/CPCS/0174/98

Brasília, 13 de abril de 1998.

À Sra.
Ingrid J. Rauscher
Diretora da ADS Assessoria de Comunicações Ltda.
Rua Michigan, 69 - Brooklin
04566-903 São Paulo/SP

Prezada Senhora,

A pedido da Dra. Ruth Cardoso, acusamos recebimento de sua correspondência de 11/02/98, na qual Vossa Senhoria informa sobre a **Home Page** criada como parte do megaprojeto mundial **Kids Thinklink**.

Agradecemos o envio do material, o qual consideramos muito interessante e inovador, cumprindo de maneira notável o seu papel de estimular a criatividade e a comunicação entre as crianças de todo o mundo.

Atenciosamente,

Maria Helena Gregori
Assessora da Presidência do Conselho

Esplanada dos Ministérios, Bl. A - 4º andar - Cep 70054-902 - Brasília/DF.
Fax: (061) 321-1077 - Tel. (061) 411-4710

Secretaria de Estado da Educação
Coordenadoria de Ensino da Região Metropolitana da Grande São Paulo
DIRETORIA DE ENSINO CENTRO-OESTE
Rua Dr. Paulo Vieira , 257 - Sumaré Cep: 01257 – 000
Telefones: (011) 3672-7866 / 3672-7437 Fax : (011) 3672-7866 / 3672-7668
E-mail: deenrove@see.sp.gov.br

São Paulo, 23 de outubro de 2001.

Ofício nº 974/2001

Sr. Diretor,

A Dirigente Regional de Ensino, em nome de todos os educadores e funcionários da Diretoria de Ensino Centro-Oeste vem, respeitosamente, reconhecer e legitimar o trabalho desenvolvido pelo grupo escola, quanto aos bons resultados obtidos, nos últimos anos no SARESP, combinado aos baixos índices de abandono, no Ciclo II e/ou Ensino Médio.

A partir desses critérios – estabelecidos pela Secretaria Estadual de Educação, esta escola está arrolada entre as melhores do Estado de São Paulo.

Certos de contarmos, sempre, com o empenho de todos para manter e elevar a qualidade dos serviços prestados à população, recebam nossos agradecimentos, elogios e, ainda, um forte e carinhoso abraço.

Cordialmente,

Arlete Scotto
RG. 4.271.726
Dirigente Regional de Ensino

Ilma. Sra.
Cleuza Silva Pulice
Diretor da EE Ennio Voss, Prof.

Secretaria de Estado da Educação
Coordenadoria de Ensino da Região Metropolitana da Grande São Paulo
DIRETORIA DE ENSINO CENTRO-OESTE
Rua Dr. Paulo Vieira , 257 - Sumaré Cep: 01257 – 000
Telefones: (011) 3672-7866 / 3672-7437 Fax : (011) 3672-7866 / 3672-7668
E-mail: deenrove@terra.com.br

São Paulo, 17 de agosto de 2001.

À direção e integrantes da equipe escolar da
EE "Prof. Ennio Voss"

Cara Profa. Cleusa

Ontem (16/08/2001), logo pela manhã, iluminei meu dia graças aos depoimentos e destaque da EE Ennio Voss, na Folha Equilíbrio.

Não bastando, a Coordenadora da COGSP abriu a reunião com o referido suplemento, leu trechos, fez elogios e comentários a todos os Dirigentes da Capital e da Grande São Paulo. Claro que aproveitei a ocasião para tecer os merecidos elogios a você, por capitanear todo esse trabalho, demonstrando o quanto um gestor competente e compromissado faz diferença nos avanços a que todos estamos empenhados.

Confesso que fiquei muito feliz em ilustrar o texto com alguns depoimentos, esclarecendo os avanços, frutos, também das reuniões com a comunidade, da presença dos pais na escola, dentre outros.

Agradeço (lembra-se do "kit" privilegiado?) imensamente em tê-la como referência positiva na D.E.C.O. e, certamente, em todas as 6.000 escolas públicas estaduais.

Um forte abraço, merecidos parabéns e vamos em frente.

Arlete Scotto
RG. 4.271.726
Dirigente Regional de Ensino

GOVERNO DO ESTADO DE SÃO PAULO
SECRETARIA DE ESTADO DA EDUCAÇÃO
COORDENADORIA DE ENSINO DA REGIÃO METROPOLITANA DA GRANDE SÃO PAULO
GABINETE DO COORDENADOR

São Paulo, 19 de agosto de 1998.

Sra. Dirigente Regional de Ensino
14ª DE da Capital

Esta Coordenadoria de Ensino agradece a colaboração da Sra. Diretora da EEPSG Prof. Ennio Voss, Profª Cleuza Silva Pulice, que, positivamente, contribuiu para a capacitação dos Diretores recém-ingressantes.

O relato das ações desencadeadas, que demandaram atuação dinâmica , certamente, serviu como parâmetro para a condução de atitudes e medidas direcionadas ao compromisso com a "educação" e a plena convicção do "saber e fazer acontecer", de forma coletiva e participativa.

Pautamos, igualmente, a importância do trabalho do Dirigente e profissionais da Delegacia de Ensino direcionado à análise, viabilização e acompanhamento das ações propostas pela Unidade Escolar.

A escola, instituição do conhecimento e pleno aprendizado, requer, em conjunto com seus pares e comunidade, liderança ativa, inteligente e perspicaz na condução de medidas que levem à concretização do processo ensino-aprendizagem, cuja meta , necessariamente deve ser priorizada em todas as ações desenvolvidas.

Atenciosamente

SONIA TERESINHA DE SOUSA PENIN
COORDENADORA DE ENSINO/COGSP

À Profª Cleusa, merecidamente reconhecida, enquanto profissional educadora.

ARLETE SCOTTO
RG 4.271.726
DIRIGENTE REGIONAL DE ENSINO

Papel Social

Amigos em ação

Arte de alunos é exposta no pátio da escola

Depois de assistirem ao vídeo sobre a técnica do mosaico na Turquia e discutido o tema - oficina realizada pela voluntária Maria Thereza Almeida (CGJ) - alunos e professores da Escola Ennio Voss, SP, sentiram-se motivados a desenvolver arte semelhante.

Para realização do trabalho, foi montada pela professora de educação artística, com apoio da coordenação do Voluntariado Interno de SP, programação para curso específico e firmada parceria com a Vidrotil - empresa do ramo de pastilhas de decoração - para doação de material e disponibilização de instrutor especializado.

Após quase um ano de atividade, englobando conceitos estéticos, habilidades motoras, preferências artísticas e trabalho em equipe, foram confeccionados, com a participação de 240 alunos da 6ª série, 6 lindos painéis na parede do pátio da escola.

O resultado alcançado foi comemorado com uma festa, abrindo a exposição **"Mosaico - uma história de pedra sobre pedra"**.

A idéia é continuar produzindo painéis com as futuras turmas, preenchendo o restante das paredes. Além da escola ficar muito mais bonita, os estudantes estão desenvolvendo a crítica e o gosto pela arte.

Governo do Estado de São Paulo

Gabinete do Governador

São Paulo, 21 de junho de 1999

Temos a satisfação de encaminhar, para seu conhecimento, a revista "Você Sabia?", que resume, neste número, os 4 anos do Governo do Estado de São Paulo, de 1995 a 1998.

Somos gratos pela presença desta entidade, entre as ilustrações desta publicação.

Cordialmente,

Lucia Maria Dal Medico
Assessora Especial do Governador

Espaços equipados com material pedagógico adequado: Escola Estadual Enio Voss, Capital (Sala-ambiente de Ciências).

TV ESCOLA
Nº 20 AGOSTO/SETEMBRO 2000
EXPERIÊNCIAS
COMPUTADOR E TV, JUNTOS EM TOCANTINS
COMUNIDADE VAI À ESCOLA
APM mostra sua força em São Paulo.
Professoras dão sugestões para melhorar a relação escola-comunidade.
Ministério da Educação
SECRETARIA DE EDUCAÇÃO A DISTÂNCIA

P6 ● SUPLEMENTO FEMININO — reportagem — SÁBADO/DOMINGO ● 17/18 DE OUTUBRO ● 1998

Um exemplo de escola

Já se foi o tempo em que as escolas públicas eram as mais conceituadas. Hoje, o acúmulo de problemas na rede amedronta a classe média. Mas as exceções servem de exemplo para muitos colégios particulares

Roberta Sampaio

Quem visita a EEPSG (escola estadual de primeiro e segundo graus) Professor Ennio Voss, no Brooklin, encontra salas de aula limpas, com ventiladores de teto, cortinas e materiais didáticos conservados. Mas não é exatamente por isso que o colégio se destaca como umas das experiências mais felizes da rede pública. O principal diferencial é a parte pedagógica, sustentada por um relacionamento estreito entre diretoria, pais, alunos, funcionários e professores.

Uma das peculiaridades é a divisão do currículo em temas bimestrais. Todo início de ano, os professores reúnem-se para eleger quatro assuntos da atualidade, que são inseridos nos programas de todas as disciplinas. Esse ano, discutiram o esporte na copa do mundo. O professor de ciências falou sobre a saúde de um esportista; o de geografia analisou dados dos países; o de matemática fez gráficos sobre o desempenho de cada participante, etc.

O objetivo é despertar o interesse dos alunos. "É melhor porque não ficamos presos aos livros", opina a professora da quarta série, Giorgina Malfitano. O método fez sucesso no terceiro bimestre, quando o tema foi consciência política, coincidindo com as eleições. Além das discussões em classe, foram realizadas votações internas, em urna eletrônica cedida pela Justiça Eleitoral. Foram eleitos presidentes de cada série, cujas plataformas serão levadas ao conselho da escola, para que sejam incluídas nas normas do próximo ano.

AULAS EXTRAS – Para combater o desnível de alunos na classe, existem aulas de reforço para quem tem dificuldades de aprendizado. O professor da disciplina acompanha a evolução de cada um até autorizar sua saída do programa. Além disso, há um controle rígido contra a falta freqüente de professores, que é um dos maiores problemas da rede pública. "Ele tem de repor a aula, em outro horário, sempre que falta", afirma a diretora financeira da APM-Associação de Pais e Mestres, Sônia Aparecida Paes, que tem duas filhas na escola.

Outro diferencial são as salas-ambientes, equipadas para cada disciplina, 14 delas com tv e vídeo. A de química tem materiais de laboratório; a de geografia, mapas e atlas; a de português, mesas para leituras conjuntas, etc. A biblioteca faz empréstimos de livros para todas as séries. E uma sala de informática, de uso comum, tem cinco computadores conectados a uma TV de 29 polegadas. Dessa forma, o professor consegue fazer exposições para toda a classe. O sistema também é ligado à Internet.

A diretora Cleusa Silva Pulice recebe elogios de todos os lados

SÁBADO/DOMINGO ● 17/18 DE OUTUBRO ● 1998

A biblioteca atende estudantes de todas as séries

Quando não são agendadas aulas nessa sala, o instrutor retira dez alunos de alguma turma para usarem um software ligado à disciplina. Depois de receber treinamento da Secretaria de Educação do Estado, um grupo de estudantes aprendeu a montar páginas na Internet. Foi feito um informativo sobre a copa do mundo e, agora, será elaborada uma home page sobre a escola. Para ampliar o uso da informática, a APM planeja comprar mais cinco computadores até o fim do ano.

ARTE E CIDADANIA – Atividades fora da sala de aula tornam mais estreita a relação dos estudantes com a escola. Uma delas é o Projeto Fanfarra, direcionado àqueles com maior problema de disciplina. Trata-se de uma banda, formada por cerca de 40 alunos, que ensaiam quatro vezes por semana. Todos os eventos internos contam com a apresentação do grupo. Além do lado artístico, é trabalhada a cidadania deles em dois projetos: o Educação Ambiental e o Prevenção Também Se Ensina.

O primeiro tem parceria com a ONG Aruanda Ambiental. O objetivo é ensinar a preservação da escola e do bairro, e atividades como reciclagem de lixo. Um grupo de alunos leva as idéias para o resto da escola. O outro projeto trabalha a prevenção a drogas, aids e DSTs (doenças sexualmente transmissíveis). Fora os estudantes e professores envolvidos na divulgação do trabalho, há uma equipe de teatro que faz apresentações sobre os temas para alunos menores.

Para os estudantes, o ensino e a ordem são pontos fortes da escola. "Comparada a outras, é bem organizada e com bons professores", avalia Vanessa Santos da Silva, da oitava série, que só estudou na rede pública. Mayra Gonçalves, da sexta série, deixou um colégio particular por um público, onde ficou somente dois meses antes de ir para o Professor Ennio Voss. "O conteúdo era bem mais atrasado e havia traficantes na escola", justifica. A última troca, porém, foi aprovada por ela e pela família. "Além de não ter o mesmo problema de drogas, os programas das disciplinas estão no mesmo nível da escola particular."

Os computadores da sala de informática nunca ficam ociosos

DIRETORA – Uma unanimidade é o reconhecimento à gestão da diretora Cleusa Silva Pulice, à frente do colégio há doze anos, metade como vice-diretora. "É mérito dela a organização e a preocupação com os alunos", diz a funcionária Leonilda Buzzi, que trabalha há oito anos na escola. A diretora chega a buscar soluções para problemas particulares deles: no momento, está batalhando, junto à AACD (Associação de Amigos da Criança Deficiente), uma prótese para um estudante que tem deficiência no braço. Os que confessam dependência a drogas são encaminhados ao Centro de Atendimento ao Adolescente da Universidade Federal São Paulo.

Na opinião da mãe Sônia Aparecida Paes, o sucesso está na parceria entre pais e diretoria, que discutem as prioridades e batalham juntos mais verbas. "Para a diretora, não existem dificuldades", elogia. Entre as conquistas, estão computadores, tvs, cortinas e ventiladores de teto, além de máquina de xerox e da contratação de mais dez funcionários, fora os dois pagos pela Secretaria de Educação do Estado. Nas reuniões trimestrais da APM, cerca de 30 pais comparecem. Também vão ao conselho da escola, quando convocados pela diretoria.

Para cobrir os gastos mensais, a diretora usa da criatividade. Basicamente, a receita vem de três fontes: da terceirização da cantina, do aluguel do muro para publicidade e da promoção de festas internas, com as quais se arrecada até R$ 8 mil líquidos pela venda de ingressos. Os pais também contribuem, voluntariamente, com quantias simbólicas. "Só se consegue fazer com que acreditem na escola quando há clareza na prestação de contas e apresentação de resultados", declara a diretora Cleusa.

EEPSG Professor Ennio Voss: Av. Portugal, 1.220, Brooklin, ☎ 240-7329

Campanha do MEC garante a distribuição de 70 milhões de obras a alunos de 4.ª e 5.ª séries

EVANILDO DA SILVEIRA

Autores clássicos da literatura universal, como Victor Hugo, Mark Twain e Oscar Wilde, e os brasileiros Carlos Drummond de Andrade e Cecília Meireles, entre outros, passarão a fazer parte do universo de 8,5 milhões de crianças brasileiras. O ministro da Educação, Paulo Renato Souza, lançou ontem, em São Paulo, a campanha Literatura em Minha Casa, que distribuirá cerca de 70 milhões de obras literárias e infanto-juvenis para todos os alunos de 4.ª e 5.ª séries do ensino fundamental de 139.119 escolas públicas de todo o País. O custo total dos livros foi de R$ 55 milhões.

A diferença em relação a outros programas de incentivo à leitura é que, agora, os livros são dados aos alunos, que os levam para casa. Não ficarão guardados nas bibliotecas das escolas, pouco freqüentadas pelos estudantes. "Para evitar que algumas escolas queiram ficar com os livros, vamos fazer uma campanha na televisão, pedindo aos diretores que os livros sejam efetivamente entregues", explicou Paulo Renato. "Até o presidente Fernando Henrique Cardoso falará sobre isso em cadeia de TV."

Literatura em Minha Casa, lançada ontem também para comemorar os 120 anos do nascimento de Monteiro Lobato, é o destaque da campanha Tempo de Leitura – Vamos Fazer do Brasil um País de Leitores,

No lançamento do programa, o ministro Paulo Renato (ao lado) encontrou receptividade nas crianças e garantiu que a mudança de governo não prejudicará os objetivos

Fotos Sebastião Moreira

do Ministério da Educação, que vai até o dia 25. O objetivo é incentivar o hábito de ler e a leitura compartilhada dentro e fora da sala de aula. Literatura em Minha Casa é composta por 30 títulos, divididos em seis coleções de cinco livros. Cada aluno ganhará uma dessas coleções.

Escritores – Na Escola Estadual Professor Ennio Voss, no Brooklin, na zona sul, onde a campanha foi lançada, o ministro foi recebido pelo secretário estadual da Educação, Gabriel Chalita, pela diretora do estabelecimento, Cleusa Silva Pulice, e pelos alunos. Eles lotaram o ginásio de esportes para ouvir Paulo Renato ler trechos de contos da coleção e palavras de incentivo à leitura.

Entre os que participaram do lançamento da campanha, estavam os autores José Roberto Torero, Ruth Rocha, Marcelo Coelho, Eva Furnari e Luciana Sandroni. Todos têm pelo menos uma obra incluída na lista de 30 títulos. Há, no entanto, livros de outros escritores brasileiros contemporâneos, como João Ubaldo Ribeiro, Moacyr Scliar e Luís Fernando Veríssimo.

PROGRAMA ATINGE 8,5 MILHÕES DE ALUNOS

Para Torero, iniciativas como essa são muito importantes para formar os leitores futuros. "É a idade certa para formá-los", disse. "É nessa idade que se pega 'vício' da leitura. Eu, por exemplo, comecei a ler com as coleções de clássicos juvenis do meu avô." A diretora da escola também aprovou a iniciativa. "É nessa fase que crias o hábito da leitura", declarou. "Depois eles não param mais."

Para as crianças, foi uma festa. Embora os livros ainda não tenham sido entregues, eles gostaram muito de saber que vão poder levá-los para casa. "Eu adoro ler", garantiu Antônio Soares dos Santos, de 11 anos, aluno da 5.ª série do ensino fundamental. "A leitura é boa para a gente aprender muitas coisas. Agora vou poder trocar livros com meus amigos." Sua colega, Linda Ci, também de 11 anos e aluna da 5.ª série, pensa de maneira semelhante. "É muito bom ler histórias nos livros", disse.

Anúncio – Paulo Renato aproveitou o lançamento para anunciar que na quarta-feira, lançará um edital para a compra de novas coleções de livros, para distribuição na campanha do ano que vem. Os critérios para formar as coleções de cinco livros serão os mesmos usados agora: uma novela brasileira, um livro de contos, um de poesia, um de literatura universal e um de teatro ou folclore regional. O ministro disse não temer que o próximo governo deixe de entregar os livros. "Eles já estarão comprados", justificou. "Não haverá razão para que o programa seja interrompido."

Escolas de Cidade Dutra, Ipiranga e Itaim em destaque

Bairros apresentam maior número de colégios da rede pública avaliados entre os melhores do Estado

TATIANA FÁVARO

Pelo menos 38 escolas da região sul destacam-se na rede estadual de ensino ou estão acima da média, segundo levantamento feito pela Secretaria de Estado da Educação em 2001. Como o período de matrículas já está encerrado, a corrida agora é pelas vagas remanescentes.

Os bairros de Ipiranga, Cidade Dutra e Itaim-Bibi foram os mais premiados. O primeiro tem três escolas de destaque; o segundo, com duas de destaque e três acima da média, e o Itaim, com dois estabelecimentos de ensino de destaque e um acima da média. Também foram classificadas escolas de Campo Belo, Cidade de Ademar, Moema, Iguatemi, Jabaquara, Parelheiros, Marsilac, Saúde, Vila Sônia e Vila Mariana.

SECRETARIA ANALISOU PROVAS E EVASÃO

A secretaria avaliou o desempenho das escolas, os programas, recursos e equipamentos em cada unidade. De 1.400 avaliadas – entre ensino médio e fundamental –, 345 foram classificadas como de destaque e 680 como estabelecimentos acima da média e receberam prêmios do governo do Estado.

A pesquisa da secretaria considerou acertos dos alunos na disciplina de língua portuguesa e a média estadual das taxas de abandono na rede. No total, 1.025 escolas foram premiadas com viagens para municípios de São Paulo e passeios em outros Estados do País.

De acordo com dados da secretaria, 16,5% das escolas estaduais são boas e 8,4%, ótimas. Além dos melhores, o *Estadão Sul* destaca nesta edição dicas do Procon para a volta às aulas, dá sugestões de material e o calendário de transferência da rede pública.

■ *Mais informações nas páginas 6 e 7*

A Ennio Voss está entre as 38 escolas da zona sul em melhor lugar no ranking da secretaria

Especial/Escolas e Cursos Página 7

Especial de Idiomas Página 9

Especial/Volta às Aulas Página 8

Espaço Gastronômico Página 10

4 – D.O.E.; Poder Executivo, Seção I, São Paulo, 111 (234), quarta-feira, 12 de dezembro de 2001

EDUCAÇÃO • MELHOR • PARA • TODOS

EE Prof. Ennio Voss

DECISÕES

SÃO TOMADAS EM EQUIPE

Parcerias com ONGs, instituições de ensino, empresas e professores são ingredientes da fórmula de sucesso do EE Prof. Ennio Voss. A boa impressão começa na frente bem-cuidada, passa pela organização presente em todas as dependências e continua na motivação transmitida por profes-sores, alunos e funcionários. Não há vidros quebrados, nem pichações. Tudo é muito limpo e organizado.

A escola é cercada por um jardim bem-conservado e está situada no Brooklin, um bairro da Capital. A diretora Cleusa Silva Pulice, 50 anos, explica que na escola não existe individualismo. Solida-

Para ela, a participação dos pais é fundamental. Uma vez por mês é feita uma reunião com o Conselho e a APM e todas as decisões são tomadas pela equipe, democraticamente. Também há reuniões mensais com os alunos coordenadores de classe, para divulgar o que vai acontecer na escola. Além disso, os alunos criaram um jornal mensal: A Voss do Ennio, impresso pelo CNA (uma escola de inglês do bairro).

Criada em 1957, a escola funciona nos 3 períodos, conta com 64 professores e 1.702 alunos. Possui biblioteca, videoteca, laboratórios equipados para aulas de Biologia, Física e Química, teatro, ginásio de esportes, quadra poliesportiva e sala de informática, equipada com 13 computadores com internet rápida, scanner, 2 impressoras, além de TV.

PARTICIPAÇÃO

Para a aluna Tatiane Aparecida Soares, de 16 anos, da 8ª série, na escola há 6 anos, o rendimento dos alunos é muito bom. Chiara Petruccio, 14 anos, também aluna da 8ª série, interrompe para dizer que veio de um colégio onde jamais iria aprender o que se ensina na Ennio Voss. "Mesmo morando no Morumbi, prefiro continuar aqui", afirma. Os alunos estão começando um trabalho comunitário, ensinando reciclagem a famílias carentes do bairro.

Para a profª de Inglês Vania Paccico, o sucesso da escola vem do entrosamento entre direção, alunos e professores. Outra professora, de 1ª a 4ª, Marta Vilas Boas, veio de uma comunidade difícil, no Campo Belo, onde não tinha colaboração dos pais. "Aqui é diferente, sempre tenho apoio de todos. Quando ensinamos reciclagem de papel a alunos da 3ª série, mostramos o vídeo e eles trouxeram todo o material que foi pedido, bacias, jornais, tudo. Para Noélia Santos de Andrade, 38 anos, mãe de 2 alunos e membro da APM, "na Ennio Voss, pais e professores caminham juntos.".

PARCERIAS

Grandes parcerias são formadas pelas ONGs, instituições de ensino, empresas e professores, entre outros. A Aruanda Ambiente desenvolve trabalho de conscientização ambiental. A Escola Superior de Propaganda e Marketing tem projeto de artes plásticas com alunos de 5ªs. séries. Com o Projeto Amigos da Escola, da Rede Globo, várias ações vêm sendo desenvolvidas: uma professora de Música criou um coral formado por alunos de 4ª e 5ª séries. Outro voluntário

es e 1ª do Ensino Médio. - Uma professora de Matemática dá aulas de reforço. Uma psicólogo trabalho com alunos de 1ª a 4ª com problemas de aprendizagem, juntamente com os pais. Um jornalista desenvolve um trabalho de incentivo à leitura crítica, com alunos de 7ª e 8ª séries. Existe o trabalho de orientação profissional com os alunos das 3ª séries do ensino médio, duas vezes por semana. Um pai de aluno ensaia fanfarra. Outras voluntárias dão aula de informática para alunos carentes de 7ª e 8ª séries. Quatro mães trabalham na biblioteca, ajudando a bibliotecária na catalogação de todo o acervo, enquanto outras organizam mensalmente um bazar beneficente com artigos novos e usados.

Sala de informática e trabalhos comunitários...

...incentivam os alunos

Projeto internacional com alunos do Ennio Voss é premiado!

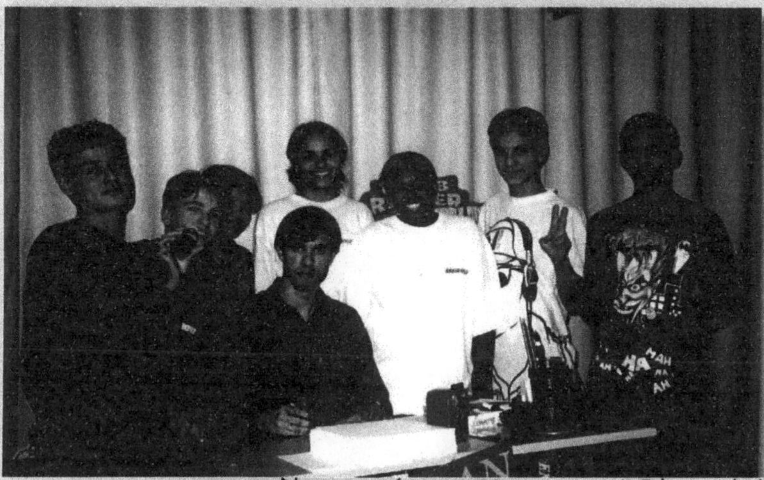

Nossos repórteres mirins em visita à Editora Abril

Estão fazendo sucesso os alunos da EEPSG Ennio Voss – Bruno, Fernando, Mariana, Taís, Janaína, Willians e Ed Carlos – que participam como repórteres mirins do projeto Kidsthinklink e fazem uma revista mensal de variedades na Internet.

Esse projeto internacional, feito em parceria com a ADS Assessoria de Comunicações, ganhou o prêmio Top Social da ADVB Associação dos Dirigentes de Vendas e Marketing do Brasil. O troféu será entregue no Memorial da América Latina, no próximo dia 13 de julho.

Conheça você também o trabalho dos seus colegas visitando a home page *http://www.kidsthinklink.com*

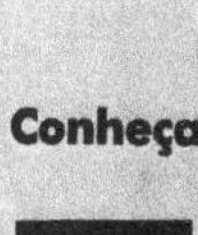

uma iniciativa:

ADS Assessoria de Comunicações Ltda.

Porto de Idéias
EDITORA

www.portodeideias.com.br